GROUP MEDIA

社群媒体

崔义超◎著

机械工业出版社
CHINA MACHINE PRESS

随着媒体的演变和社群的爆发，社群媒体的诞生是必然的，并且具有美好的未来。书中重点介绍了社群媒体的内容生产、传播、运营和商业化，并且通过详实的案例，告诉广大自媒体人和社群主，如何打造自己的社群媒体。社群媒体全新的运作模式，代表了商业的新方向，必将成为新一轮的创业大风口。

本书适合广大自媒体人、社群主、社群运营人员和对社群感兴趣的相关读者阅读。

图书在版编目（CIP）数据

社群媒体／崔义超著. —北京：机械工业出版社，2017.4
ISBN 978－7－111－56858－2

Ⅰ.①社…　Ⅱ.①崔…　Ⅲ.①媒体-研究　Ⅳ.①G206.2

中国版本图书馆 CIP 数据核字（2017）第 110055 号

机械工业出版社（北京市百万庄大街 22 号　邮政编码 100037）
策划编辑：郝　静　　　责任编辑：郝　静　舒　莹
责任校对：李　伟　　　版式设计：张文贵
责任印制：李　昂
北京宝昌彩色印刷有限公司印刷

2017 年 7 月第 1 版 · 第 1 次印刷
170mm×230mm · 13 印张 · 2 插页 · 155 千字
标准书号：ISBN 978－7－111－56858－2
定价：49.80 元

凡购本书，如有缺页、倒页、脱页，由本社发行部调换

电话服务	网络服务
服务咨询热线：（010）88361066	机 工 官 网：www.cmpbook.com
读者购书热线：（010）68326294	机 工 官 博：weibo.com/cmp1952
（010）88379203	教育服务网：www.cmpedu.com
封面无防伪标均为盗版	金　书　网：www.golden-book.com

前 言

Preface

现在，互联网已经让社会从一个大群体分裂成为无数个小群体，在这个群体里“闹翻天”的事情，在群体外几乎没人知道。

与此对应的是，互联网社群的崛起。例如，罗辑思维本身就是一个覆盖了1000万微信粉丝的社群，卖会员、卖月饼、卖柳桃，玩得不亦乐乎。互联网社群当然远不止罗辑思维一家，所谓“有人的地方，就有江湖”。同样，有社交的地方就有人群，有人群的地方就有市场。在人情社会之中，社群经济的本质在于“社群”，线上线下的各大协会组织，打破了时间、空间的界限，让有着共同兴趣爱好、价值观的人们更自由、便捷地联系在一起。

如今，企业品牌的市场推广成本和获取用户成本居高不下，社群作为一种低成本、高信任的营销工具，能让企业迅速构建起黏性极强的竞争壁垒。通过构建社群，打造圈层，企业让用户与用户、用户与企业之间保持着极强的黏性，让用户的社交关系沉淀，并且与商品属性进行捆绑融合，最终形成社交联系。

根据艾瑞咨询《2016年中国网络社群研究报告》显示，中国网络社群历经十几年的发展，从最初的网络社区逐渐发展成以移动端为核心的，连接人、信息与一切的社群生态。① 2002—2005年，网络社群1.0的中心化时代。QQ推出群聊，将社群形态带到线上。网络社群1.0时代以互联网人群聚集、信息互通与传递为核心目标，多为熟人社群。② 2006—2014年，网络社群2.0的去中心化时代。论坛、BBS等网络社区兴起，SNS社交网络出现，网络社群初具规模，微博、微信助力社群有效运营；天涯论坛、猫扑、豆瓣兴趣小组等网络社区的出现，助力相同兴趣的网民聚集，形成网络社群2.0的新形式。人人网、开心网等SNS社交网络使网民个体形象更加突出，基于兴趣、细分需求等个性标签更加清晰，网络社群内的联系更加紧密，从单个节点向多个节点发展。博客、微博等为网民提供了公共表达空间，为社群内部成员间的互动提供了更多可能。微信作为即时通信平台，提高了网络社群的沟通效率，两者共同推动网络社群2.0时代的不断成长。网络社群开始出现网状结构，社群经济逐渐形成。③ 2015年至今，品牌意识化的网络社群3.0时代。社群基于移动互联网，连接人和一切，通过社群间的情感流动形成更多利益共同体，甚至利用新科技提升社群内外部互动和生态化发展。

到了网络社群3.0时代的今天，我们评价一个品牌的指标，是这个品牌拥有多少铁粉。而没有铁粉的品牌就没有未来，铁粉元素在今天看来是非常重要的。数十年前，处于工业时代的产品逻辑是先有知名度，再有忠诚度，所以要做广告。而今天则恰恰相反，先有忠诚度，再有知名度，先从少数铁粉开始，所以，铁粉作为当今极其重要的一类人群，他们无条件支持你的产品设计，支持你的品牌推广，支持你的渠道营销。小米三周年的时候，曾为100个铁粉斥资拍了一部电影，叫《100个梦想的赞助商》。所以，做产品推广时，先不要急着去做广告，不妨先找到你的铁粉，从铁粉做起。

如今很多人在运营社群：

- 建一个微信群，发发小广告，便说我在做社群。
- 搞一个主题沙龙，问题还没探讨几个就四处兜售自家产品，便说我在做社群。
- 聚了一帮人，一起读读书，然后推荐自己的文章与公众号，便说我在做社群。

……

大部分人涌向社群，其实仅仅是想把社群当作一个营销渠道，玩的是所谓的社群营销，严重偏离了社群的本质。什么是社群营销？顾名思义，针对社群而进行的营销行为。社群营销本身没问题，但是营销要跟媒体形式配合，如果社群媒体都没有建立起来，何谈社群营销？比如说：

（1）把社群当作垃圾内容的出口。很多自媒体人轻易就建了十几个群，仿佛自己拥有了一个庞大的社群，每天往群里发自己生产的内容。他们天真地以为任何内容通过社群投放都会有效果，然而发出的内容却无人问津。

（2）把社群当做广告和卖货渠道。有些人把社群看成另外一个朋友圈，建立所谓的人脉关系越多就越好做事。殊不知这种行为，对如今高警惕性的群成员来说，早已成为一种骚扰行为。

（3）把社群当作活动组织渠道。例如，想组织沙龙或者兴趣活动，然后在社群内发个通知，聚了一帮人，活动完了还不忘卖货，卖完货就没有然后了，这也能说是在做社群吗？

说到底，这样做社群还是简单地套用原有的营销思路，并将其嫁接在社群中。问题的核心是未能脱离渠道覆盖的旧思维，拼命地去铺渠道，不管是真渠道还是假渠道。

显然，这种思维和做法是被动媒体时代遗留下来的痕迹。如今用户有太多的方法选择跳过、屏蔽、无视这些广告和内容。如果无法占据用户的时间和注意力，何谈占据他们的心智。

撇开社群营销的效果不谈，说一个简单的问题：一个社群无论有多大，它的人数都是有限的。就这么些人，就算你的营销有效果，商业回报会大吗？

因此，只把社群当作营销渠道是没有出路的。我们不能奢望自己的社群能有罗辑思维的体量大，罗辑思维有庞大的粉丝群，它很容易地就走上了粉丝经济的道路，而很多的社群是不具备这个条件的。

脱离运营的社群营销忽略了一个最基本的事实：如今是一个信息过载、传播过度的时代。对于早已陷入选择困难症的用户来说，这种不加区分的营销内容，他们唯恐避之不及，何谈更深一步的商业目的？在这样一种现状下，有两个基本道理已得到共识：

（1）用户最有价值的是时间和注意力，能占据用户多少时间才是最重要的。按照定位理论，能占据用户心智的营销才是有效的营销。所以说，任何不能占据用户主动时间的渠道铺建都是无效的。

（2）能够占据用户时间和注意力的有效方法，是优质的内容输出。这正如我们曾经提到过的观点：内容是流量的入口。每个人一天只有24小时，谁能用内容从他这24小时中争夺到更多的有效时间，谁就是胜者。

既然用户的时间和注意力是最宝贵的东西，那么显然，仅仅把社群当渠道，把成员当客户，打广告、卖商品，而不对社群进行运营和深耕，这种做法肯定是行不通的，犹如竭泽而渔。相反，我们必须通过输出优质内容，让用户主动进入自己的时间。而这，正是我们所提倡的社群媒体道路。

内容生产是社群媒体基础性的环节，也是十分关键的环节，它通过内容吸引和筛选用户（粉丝），用户沉淀下来形成社群，社群成功运行后，群成员又源源不断地产出优质内容，持续吸引用户。社群一旦形成，围绕社群的商业变现模式便开始变得多种多样。

具体来说，社群媒体相对于所谓的社群营销，有着以下六个根本性的不同和天然的优势：

1. 对内容的态度不一样

如前文所述，所谓的社群营销是根本不注重内容生产的，他们只想把社群当作内容的出口。

社群媒体高度重视优质内容生产，因为内容是吸引用户沉淀社群的前提。它不仅会专业生产内容（Professional Generated Content，PGC），还会组织群成员共同创造丰富的内容（User Generated Content，UGC）。

由于社群媒体对内容的注重，再加上产出有方，使得其生产的内容往往更加优质、更加精准，这是一种“深度运营”的做法，相比之下，所谓的社群营销显得十分孱弱。

2. 投入的时间成本不一样

正因为对待内容的态度不一样，导致两者所投入的时间成本也不一样。

所谓的社群营销在内容上的投入跟社群媒体无法比较。所谓的社群营销也不注重社群的运营，他们的做法往往很简单，比如靠发红包维持活跃度。很显然，这种简单的做法省时省事，但是效果……

而社群媒体在内容生产和社群运营上都是耐心耕耘的，踏实做内容，精心做社群，把这当作商业变现的前提。因此，在时间成本上，社群媒体会远大于社群营销，并因为时间上的高投入，带来了商业上的高回报，比如吴晓波读书会、正和岛等就是其中的典型代表。

3. 对社群的定位不一样

其实，之所以会造成对内容的态度和时间投入不一样，主要是因为所谓的社群营销和社群媒体对社群的定位不一样。

前文所述的所谓的社群营销做法，可以说其对社群基本是无定位的。即使要说有定位，社群也仅仅被定位为他们众多渠道中的一种，群成员则只是被当作客户、买方，而不是内容或服务的共同创造者，这种冷冰冰的单向关系，十分不利于营销效果的推广。

然而，社群是社群媒体的具体组织形式，因此社群媒体不但十分注重社群的运营，而且对社群有着清晰的定位。在社群创建之初，它就是由有着共同愿景、共同价值观的人聚合起来的，如此，社群的定位自然就清晰了。

正是因为这种清晰的社群定位，使得社群媒体的群成员不再仅仅被看成有利可图的客户，而是种子。社群媒体的群成员是社群内容的共同创造者，是需要经营的。经营过后，群成员往往是高黏性、高互动、高价值的，对社群品牌的传播也将发挥巨大的作用。

此外，这种对社群定位的不同，使得两者所针对的目标用户群体有着天壤之别。所谓的社群营销针对的是大众无差别群体，即“无差异市场”。而社群媒体服务的是小众细分群体，是精确化的群成员。这种对目标用户认知上的差距，必定会在今后的商业变现上体现出来。

4. 产品的流向不一样

我们知道，所谓的社群营销最终的目的是卖产品，即产品从 B 端企业流向普通 C 端客户，在产品生产之前和生产的过程中，B 端和 C 端之间基本无交流。这种社群营销的目的就是刺激 C 端认知并购买 B 端的产品，其效果之差可想而知。

反观社群媒体，无论是内容还是产品的产出，都是经过群成员高度互动共同创作的。换句话说，社群媒体是根据群成员的需求来生产产品的，即产品是从 C 端流向 B 端，再从 B 端流向 C 端的，比如吴晓波社群推出的“吴酒”。

这种简单产品的流向不同，却产生了两者内容和产品本质上的差异：一个是自嗨式的任意生产，一个是明确的用户导向、按需生产。这两者孰优孰劣，明眼人一看便知。

5. 营销的形式不一样

众所周知，所谓的社群营销使用的是自己的习惯做法，即先有一个产品，营销考虑的是把产品卖出去。在这个过程中，营销与产品是分离的。这种相互隔断的信息沟通，必然会使营销的效果大打折扣。

在社群媒体中，由于对社群运营的重视，使得产品跟渠道、销售、用户互动等是一体的，互动即营销。

换句话说，社群媒体是天然地把营销融于社群互动，群成员在互动产出内容和产品的过程中，即完成了一次营销活动。在内容和产品产出后，群成员作为第一批试用的种子用户，又会自发进行更大范围的营销。这种口碑式的营销，无论是从质量还是广度上来说，都是所谓的社群营销不能比拟的。

6. 预算的方向不一样

通过前面的分析，所谓的社群营销，其直接目的是渠道覆盖。因此，大部分的预算可能是花在渠道推广上面。由于缺乏优质的内容击穿多层用户，很难形成二次传播。如果不持续地进行各渠道的硬性推广，其品牌的影响力就难以持续。一旦推广停止，影响力即停止。

所以，所谓的社群营销，其每个用户的获得成本是线性增长的，每个用户获得品牌曝光信息的成本是一样的。因此，要想品牌最大限度地曝光，就必须全渠道覆盖。而要想持续曝光，又必须持续地进行推广。这种全渠道持续推广的做法，必然要耗费高额预算。

再看看社群媒体，由于注重内容生产和社群运营，靠优质内容和种子成员便可形成自传播，用户呈指数级增加，不必耗费大量的预算去铺渠道。相反，社群媒体在内容和运营上花费的预算会比所谓的社群营销多。但是，这跟无底洞似的渠道推广比起来，自然是小巫见大巫了，根本不在一个量级上。

可以看出，如今大家一窝蜂扑过去的所谓的社群营销，其实是一种并不高级的做法。我们在做社群的时候，千万别只顾着玩营销，却偏离了社群的本质。

如果你想做好社群，如果你认同社群的美好未来，想抓住这大风口，那么应当尽早摈弃简单、单一的做法，走社群媒体的道路。我们认为，社群媒体才是社群的未来之路。

目 录

Contents

第一章

社群媒体的诞生

美国心理学家亚伯拉罕·马斯洛在 1943 年提出的需求层次理论显示，人类作为一种社会性的动物，其需求如同阶梯一样从低到高按层次可分为五种，即生理需求、安全需求、社交需求、尊重需求和自我实现需求。除了传统的衣、食、住、行、用方面的需求外，人类还有对于情感归属和自我发展的渴望，而仅仅靠传统的农业或工业方式，并不一定能得到完全满足，它需要一种新的组织形式出现，这便是社群。在接下来的篇幅中，我们将从为什么说社群媒体是一种最新的媒体，社群媒体是如何产生的，作为一种新兴的传播方式，社群媒体的存在又将产生哪些影响进行简单讨论。

1.1 社群媒体是一种新的媒体

一、什么是社群?

从历史进程来看，吃饭的需求，通过农业革命得到了满足，以家庭为单位组成村落；日用品的需求，通过工业革命得到了满足，采用的是工厂大批量生产的方式；现代服务的需求，如教育、医疗、金融等，通过公司的组织得到满足。也就是说，每一种人类需求的满足，背后都有一种组织形式的变革，如家庭—农业、工厂—工业、公司—服务业等。

然而，人是一种社会性的动物。根据美国心理学家亚伯拉罕·马斯洛1943年提出的需求层次理论显示，人类需求像阶梯一样从低到高按层次可分为五种，即生理需求、安全需求、社交需求、尊重需求和自我实现需求。除了传统的衣、食、住、行、用方面的需求外，人类还有情感归属和自我发展的渴望，而仅仅靠传统的农业或工业方式，并不一定能得到完全满足，它需要一种新的组织形式出现，这便是社群。

群体活动具有互相监督和互相帮助的作用，一个人想单独做某件事可能持续时间不长，但如果和一群人一起做，就能走得很远。比如现在有一些成长型社群，如健身群，可以促进个人身体健康；读书群和心理群，能填补大家精神和心灵的空虚；还有些社会群体、个人，通过自我付出和奉献得到生命意义的升华，如参加公益组织、去山村支教等。这些在工业和服务业革命之后出现的全新需求，带来了组织形式的变革，是一个巨大的机会。而满足了群成员需求的社群主，会有很多商业化变现的可能，将获得最大的价值。很多人之所以要做社群，就是看到了这个趋势。

在此，我们将社群定义为：一群人基于共同的使命和愿景（内容、兴趣、目标等）而形成的组织，并通过共同的仪式来强化群成员间的认同感。而一个社群形成的基本规律是：首先通过内容来吸引用户，再通过内容（内容即是围绕使命和愿景而产生的）筛选用户，组成群成员，形成社群，社群运行成功后，又源源不断地产出优质内容。也就是说，社群通过内容吸引群成员，而内容又由群成员共同产生。我们可以看出，群成员间互相交换内容信息会产生强大的威力，内容是关键。

二、 什么是媒体？

在谈什么是媒体之前，我们需要了解另外一个与之相近的概念——媒介。在英语中，媒介 Media 是 Medium 的复数形式，大约出现于 19 世纪末 20 世纪初，其含义是指事物之间发生关系的介质或工具。在马歇尔·麦克卢汉（Marshall McLuhan，1964）的笔下，媒介即是讯息（“The medium is the message.”）。他认为媒介对于信息、知识和内容有着强烈的反作用，它是积极的、能动的，对讯息有重大影响，决定着信息的清晰度和结构方式[㊀]。此外，他还强调所有媒介都能与人体发生某种联系。比如，石斧是手的延伸、书籍是眼的延伸、广播是耳朵的延伸等。而在中国，"媒介"一词最早出现在《旧唐书·张行成传》："观古今用人，必因媒介。"在这里，"媒介"是指使双方发生关系的人或事物。在先秦时期，"媒"字是指媒人，后引申为事物发生的诱因，而"介"字，则一直是指居于两者之间的中介体或工具，也指在两者或两者以上的人或事物间，参与其中的活动或组织。广义上，我们将"媒介"定义为能使人与人、人与事物或者事物与事物之间产生关系的物质。

媒体，则是指传播信息的媒介，一方面是指人借助或凭借用来传递信息以及获取信息的工具、渠道、载体、中介物或技术手段；另一方面也指信息的采集、加工制作和传播的社会组织。在根源上，媒体与媒介都源于 Medium 一词，但两者又各自有所侧重。细化来看，"媒介"强调更多的是其介质属性，"媒体"则侧重于第二个方面的含义。

三、　社群媒体

如前所述，社群形成的基本规律不仅有内容的产生和传播，还有高效的互动，内容也不再单一的由一个中心产出，而是由整个社群成员共同贡献。不仅如此，社群媒体由于群成员的高黏性和高互动，其产生的内容往往是高精准度的，因此内容、生产和传播的效果均大幅提高，而成本却大幅降低。

㊀ 马歇尔·麦克卢汉（著），何道宽（译）. 理解媒介——论人的延伸［M］. 商务印书馆，2000.

也就是说，在一个社群内部，存在着频繁的内容生产和信息交换的过程。而且从信息流的移动方向上来看，这种交换是所有群成员之间的互动，即“多对多”。从本质上看，社群既是内容的产生者，又是内容的传播者。而社群这一最根本的特质与前文所介绍的“媒体”特质相吻合，所以我们可以认为，社群即媒体。

总而言之，社群媒体即社群化媒体，是针对社群生产内容和由社群产生内容的媒体组织，它的内容既面向社群，又来自社群。

1.2 社群媒体的产生

一、 媒体的演变

纵观媒体发展史，我们发现每一次生产力和生产技术的进步都会带来传播方式的改进，而每一次新型媒体的产生又都会对社会产生重大影响。

1. 语言

在人类发展早期，人们常常集群而居，并且有了简单的社会分工，于是，人们开始探索利用各种简单的手段来达到他们相互交流的目的，口语传播便有了需求。口语传播依靠的是各种身体符号、表情符号，后来才逐渐形成了语言。按照以色列作家尤瓦尔·赫拉利（Yuval Noah Harari）在《人类简史》[㊀]中的说法，在7万多年前，智人（Homo Sapiens）将住在欧洲和西亚的比自己高大的尼安德特人（Homo neanderthalensis）、住在亚洲的直立人（Homo erectus）、住在印度尼西亚爪哇岛的梭罗人（Homo soloensis）以及其

㊀ 尤瓦尔·赫拉利. 人类简史［M］. 中信出版社，2014.

他的古人类赶尽杀绝，其主要原因在于智人有独特的语言。智人的语言比其他动物的语言更灵活，并且智人之间可以传递信息，可以集结大量的人力，共同协作，即语言这种媒体使得人类这个智人的后代统治了世界，站在了食物链的最顶端。然而，语言还是人的身体的直接产物，需要人体的发声器官来编码声音的震动，以及人体的听觉器官来将这种声音的震动解码为信息。

2. 文字

文字的诞生使得信息脱离了时空的限制，可以记录在石头、羊皮、莎草和纸张上保存下来。伊尼斯在《帝国与传播》[㊀]中认为，文字的不同载体决定了帝国的不同形式。重视时间的媒体耐久度好，如羊皮、黏土板和石块，有促进地方分权及神职阶级统治的作用；而重视空间的媒体耐久度较差且质轻，如莎草和纸张，适于行政、商业等范围广阔的地区使用。如罗马帝国征服埃及之后取得了莎草的供应，造就了帝国行政的基石。文字发明以前，音乐以韵律助人记忆，诗歌成为极重要的口述传承，代表作如荷马的《伊利亚特》和《奥德赛》，文化的传承主要依靠吟游诗人的口口相传。柏拉图是古希腊从口头文化向书面文化转变的重要人物，这样的媒体转变使得古希腊成为古代西方文明的中心，并且这种希腊文化可以存留数千年，直到今天还在影响着西方乃至世界文明。

3. 报纸

宋代时期，中国先贤发明了活字印刷术。其后，机器印刷术诞生于15世纪的德国。在活字印刷机带来的第一次媒体革命的影响下，欧洲文明乃至世

㊀ 哈罗德·伊尼斯. 帝国与传播［M］. 中国传媒大学出版社，2013.

界文明得到了长足的发展。印刷机从最早主要以印刷《圣经》和各种基督教相关文字材料为主，很快扩展到印刷古代各种文献，包括古希腊著作，然后发展出印刷之前从未存在的各种文字内容，被称为小说，原意是新奇的东西。文艺复兴随着活字印刷机的发明而加快了脚步，普通人的识字率开始上升，对信息的渴望促成各种文化和知识的传播。媒体革命带来的宗教改革极大地改变了欧洲的政治和社会环境，为后来的启蒙运动和工业革命打下了坚实的基础。

到17世纪初，近代报业出现，先进的思想者利用报刊进行革命宣传，从政党报刊到资产阶级的商业报刊，新的、独立的面向整个社会乃至全球的报业不断发展壮大，其受众范围较先前更为扩大。同时以文字为内容的报纸在社会上逐渐普及，提高了普通人对文字和印刷媒介的接近和使用。比如，1590年世界上最早的周报——德国《观察周刊》问世，1660年世界上最早的日报《莱比锡新闻》问世。印刷术的发明引导人类真正步入了一个崭新的大众传媒时代。

4. 电报与电话

19世纪后半叶，电的发明带来了新的媒介革命。从有线电报到广播，从摄影到无声电影，继而有声电影的出现，给人们的社会生活带来了翻天覆地的变化。1844年，美国发明家塞缪尔·莫尔斯在座无虚席的华盛顿国会大厦联邦最高法院会议厅中，用激动得发抖的手，向40英里以外的巴尔的摩发出了历史上第一份长途电报："上帝创造了何等奇迹?"电报从此诞生。1858年，美国商人赛勒斯·菲尔德历尽千难万险接通了第一条跨大西洋的电报电缆。电报的出现，在改变人们互动方式的同时也改变了时空关系。与此同时，电报改变了传播与物质相关联的通讯方式，信息站拉开序幕。1876年，贝尔成功拨通世界上第一个电话。电话最初仅仅被当作广播来使用，后来慢慢发展为信息传递的大众传媒，并被广泛地用于社会交往，在大众传播中渗透了传播的双向性，造就了口语传播的一次革命性变革。1895 年，卢米埃兄弟发明了摄像机，开创了电影时代。

5. 手机

20 世纪 80 年代，手机进入现实，被看作是对电话补救性演化过程的一种延续，第一次完美地将交通与人际传播结合起来，同时也将传播的双向性发挥到了极致。

6. 互联网

20 世纪 60 年代初，古巴核导弹危机发生，美国和苏联之间的冷战状态随之升温，核毁灭的威胁成为人们日常生活的话题。在美国对古巴封锁的同时，越南战争爆发，许多第三世界国家发生政治危机。由于美国联邦经费的刺激和公众恐惧心理的影响，"实验室冷战"也开始了。人们认为，能否保持科学技术上的领先地位，将决定战争的胜负，而科学技术的进步依赖于电脑工业的发展。到了 60 年代末，每一个主要的联邦基金研究中心，包括纯商业性组织、大学，都有了由美国新兴电脑工业提供的最新技术装备的电脑设备，电脑中心互联得到了迅速发展。此后，互联网经历了阿帕网、万维网、因特网、Web 2.0、Web 3.0 的发展阶段。

总的来说，口头语言是一个同步的、实时的，既可以一对一，也可以一对多、多对多的媒体，它的优点是除了语言的声音传播之外，接受信息者还可以通过视觉，如观察说话者的肢体动作、口型等，以及触觉、嗅觉等获得额外的信息，缺点是口头语言无法保存，也无法在超过一定的空间距离之外传播。得益于中国造纸术和德国印刷术的出现，文字消息不再依靠口口相传，而通过报纸这种媒介广为流传。从口头语言媒体到文字媒体是一个巨大的飞跃，从此信息的传播超越了时间和空间的限制。世界发明大王爱迪生的留声机和无线电技术的应用，广播开始流行，信息不再以单一的文字形式存在，而是借助广播以声音的形式传播。随着成像技术的突破和传输技术的不断发展，电视开始出现。以听觉感官为主导的信息传播慢慢向以试听感受为主的方式转变。第三次科技革命的到来，进一步拓宽了信息获取的渠道，为社会的发展注入了新的活力。得益于移动通信技术的不断演进，移动互联网使信息获取不再局限于地点，增加了信息获取的便利性。

二、 组织形式的变革

人类从古至今经历了从部落化—非部落化—重新部落化的过程。游徙不定、采猎为生的洪荒时代，人类感知世界的方式是整体直观的把握，人的技艺是全面且多样发展的。那时的人既不会分析事物，也不会专精一门。此时的人类以信仰不同图腾的部落聚集在一起，从而谋得生存；由于劳动分工的出现和拼音文字的发明，人学会了分析，与此同时，也使自己成为被分裂切割的、残缺不全的非部落人。机械印刷术和工业化把人推向了非部落化的极端。电子时代来临之后，人再不能专精一门，而人们认识世界的方式也更加多元。此时的人类不再是分裂切割、残缺不全的人，这就是更高层次上的重新部落化的过程。也就是说，人类社会发展到现在，我们的组织方式发生了一次又一次的变革。而随着互联网的高速发展，基于自媒体的粉丝群和基于微信的兴趣群出现了爆发式增长，导致人类的组织方式发生了又一次的变革，社群成为人类新的和必然的组织方式。如今，“人类重回社群”已成为共识。

众所周知，媒体是随着人与人之间交换信息的方式变化而变化的。在“1 对 1”信息交换时代，我们有电话、电报媒体；在“1 对多”信息交换时代，媒体变成广播电视；而如今的“多对多”信息交换时代，相应地产生了互联网媒体。媒体发展的三个阶段见图 1 所示。社群是典型的“多对多”信息交换，因此，伴随着社群的产生而产生的社群媒体，是媒体随着人类信息交换形式的变化而自然演变出来的结果。

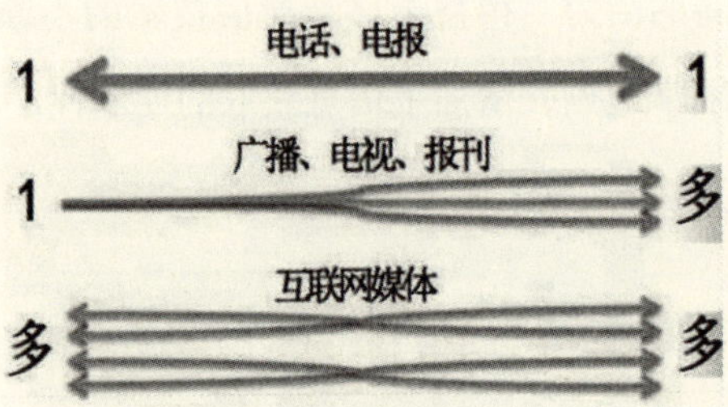

图 1　媒体发展的三个阶段

1.3 社群媒体的影响

在苹果引领媒介变革的浪潮后，小米手机的总裁雷军曾经预言，手机将要成为未来世界的中心，我们的生活和工作也因媒介的变革而变得更加扑朔迷离和丰富多彩。

一、古腾堡印刷机与新教革命

1517 年 10 月 31 日清晨，维腾贝格大学教堂的一位修士打开大门，惊恐地发现门上贴着一张纸，纸上竟然写着对天主教会严加批判的字句，这就是著名的《九十五条论纲》，由该校毕业并留校任教的神学博士——奥古斯丁教团的教士马丁·路德（Martin Luther）撰写。该事件引燃了宗教改革的熊熊大火，也引发了欧洲广泛的宗教战争，特别是血腥的德国30 年战争，对欧洲历史乃至世界文明的发展进程造成了不可估量的影响。

在此之前，也有一些试图批评或批判罗马天主教会的人士，但都要么慑于教会的淫威而屈服，要么选择继续抗争而被宗教法庭判罪，甚至处以火刑，为何路德的一纸文章却能够引起影响深远的变革呢？

这个问题的答案要向前回溯60年，一个叫约翰内斯·古腾堡（Johannes Gensfleisch zur Laden zum Gutenberg）的发明家，发明了使用铅字的活字印刷的印刷机，最早用于印刷教会的赎罪券，后来印出了世界上第一本非手抄本的《古腾堡圣经》。在西欧印刷术普及之前，人们在信息传播上以手抄书为主，并出现了从事手抄行业的工匠们。相应的，知识的传播为教会所垄断，尤其是对《圣经》的传播成为教会特权。在印刷机发明后的短短几十年中，印刷术在欧洲快速普及，50年间用这种新发明印刷了3万种印刷物，共1200多万种印刷品，其中，各种版本的《圣经》占据了相当大的比例，这是人类历史上第一次媒体革命。由于《圣经》的普及，普通人也能够阅读《圣经》，打破了教会对教义的垄断，才能够使得以路德和加尔文为代表的新教革命在欧洲获得巨大成功。

从生产方式上，印刷术的出现如同巨大的魔法一般，高效率、低成本地创造了大量书籍，且轻便、标准、价廉，适合大规模生产和销售。从而将神圣知识的载体从垄断状态演变为普通物品，其传播速度迅速而广泛。在约翰内斯·古腾堡完成了机器印刷工艺流程的各个环节之后，他用活字印刷了《圣经》和古籍。他印制的《四十二行圣经》就是历史上的第一部机印本《圣经》。自此，印刷术形成燎原之势，在不到40年的时间里，机器印刷就传遍了德国，每个州都有了重要的出版中心。而且，在半个世纪之内，机器印刷传遍了欧洲。北欧最伟大的人文主义者伊拉斯谟校正了拉丁文《圣经》和希腊文《新约圣经》，使《圣经》得到“净化”，而马丁·路德出版德语《圣经》，发布《九十五条论纲》，投下了震撼基督教世界的炸弹。然而，具有讽刺意味的是，旨在服务教会、敬奉上帝的《圣经》新译本和矫正本却掀起了宗教改革，撕裂了教会。不仅摧毁了朝廷的权威、动摇了天主教，而且撕裂了抗议朝廷的新教，从而使得宗派林立，这场传播革命的风暴迅速形成摧枯拉朽之势，其威力史无前例[一]。

起先，商人阶级想要其孩子识字，无非是能够掌握游戏规则和工具而已。但是，随着印刷术的推广，到16世纪中期，天主教徒开始打退堂鼓，不再鼓励人们识字，感到阅读是分裂的原因，最后禁止阅读各种方言版的《圣经》。而新教徒则寄希望于识字，阅读有助于破除迷信，因此他们继续发掘，印刷各种资源，并把这种态度带到了新世界。天主教徒背离印刷，而新教徒与之形成联盟的一个结果，是欧洲的文化知识版图出现了惊人的颠倒。在中世纪，地中海沿岸的国家在文化修养和情感修养方面要远远高于北欧各国。可是，到了17世纪末，这种局面完全反过来。天主教保持了一种形象上的宗教。它继续偶像崇拜且变本加厉，过分注意经营教堂和仪式服务的各种细节。基督教新教则发展成为一种书籍的宗教，结果是阻止偶像崇拜，走向了一个禁欲的符号体系[二]。对待印刷术的不同态度，最终导致了欧洲宗教流派的发展方向变革，进而改变了欧洲的文化知识版图，对欧洲近现代史产生很大影响。

正如哈罗德·伊尼斯（Harold Adams Innis）强调说“传播技术的变化无一例外地产生了三种结果：它们改变了人的兴趣结构（人们所考虑的事情）、符号类型（人用以思维的工具），以及社区的本质（思想起源的地方）”[三]。而清华大学教授、博士生导师以及国家新媒体传播研究中心主任熊澄宇教授

㊀ 伊丽莎白·爱森斯坦（著），何道宽（译）. 作为变革动因的印刷机［M］. 北京大学出版社，2010.

㊁ 波兹曼（著），吴燕莛（译）. 童年的消逝［M］. 广西师范大学出版社，2004.

㊂ 哈罗德·伊尼斯（著），何道宽（译）. 帝国与传播［M］. 中国人民大学出版社，2003.

在《媒介史纲》一书中指出媒体作为传播媒介的同时，又作为社会生产力的一部分，改变了人类生活，推动了社会发展，原因在于媒介通过改变人的感知方式来成为社会变革的推动力量[㊀]。

二、传统媒体陷入瓶颈期，社群媒体才是出路

我们知道社群媒体是传统媒体发展的必然结果，那么社群媒体是如何运作的？与传统媒体的运作方式有何不同？

传统媒体一般都有一个中心，由中心产生内容，通过内容吸引粉丝，然后向粉丝售卖广告。传统媒体只有产出和传播的过程，简单来说，一个写，一个看，模式简单，可持续性也不强，对中心的原创能力要求非常高。比如，现在很多的自媒体，还有最近火得烫手的网红，走的都是这种模式。

社群媒体是去中心化的，它通过内容吸引并筛选用户，筛选下来的用户形成高质量社群，社群通过一套规则体系，又源源不断地产出优质内容，如此循环，社群持续健康发展。一旦社群媒体大循环形成，围绕社群所产生的商业模式非常之多。传统媒体与社群媒体的对比见图2所示。

在这里，不仅仅有内容的生产和传播，还有高效的互动。内容不再由一个中心产出，而是整个社群成员共同贡献。不仅如此，社群媒体由于群成员的高黏性和高互动，其产生的内容往往是高精准度的，因此内容、生产和传播的效果将大幅提高，而成本却大幅降低。也就是说，创业者和自媒体人组建社群后，走社群媒体的道路，流量问题会迎刃而解。

㊀ 熊澄宇. 媒介史纲［M］. 清华大学出版社，2011.

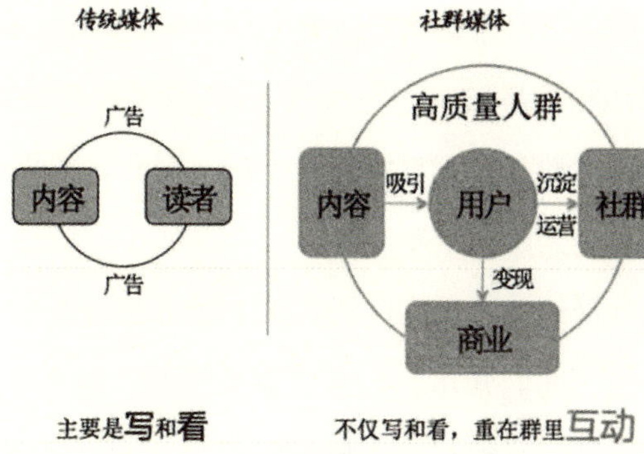

图 2　传统媒体与社群媒体的对比

比如李笑来收费的“七年就是一辈子”社群，李笑来首先通过自己的书、文章聚集了一大批粉丝，通过收费筛选后组成社群。这个社群干的最重要的一件事情是什么？与社群成员共同训练和实验，并总结出一些方法论，然后共同创作一本书，这很好地体现了社群媒体的运作规律和强大威力。

与此同时，我们清楚地认识到随着各大网络平台的崛起，自媒体也得到了繁荣和发展。然而经过近一两年来的爆发式增长后，自媒体却陷入僵局。大家都在为自媒体的未来寻求出路，尤其是自媒体人，更是心急如焚。

众所周知，自媒体要想获得长足的发展，有两个制约他们前进的障碍：

一是内容的可持续性问题。如何持续地生产出受欢迎的优质内容，这应该是所有自媒体人存在的共同难题。

二是流量的变现问题。自媒体人辛辛苦苦地产出了优质内容，吸引了一批粉丝，然而却没有一套行之有效的方法让自己的努力能够变现。

对于内容的可持续性问题，很多人加班加点绞尽脑汁，终于折腾出一个内容新风格并陶醉其中。可残酷的是，粉丝并不买账，还很有可能认为你“瞎折腾”；对于流量变现问题，如今最普遍的做法是售卖广告，但不论你怎样地花式打广告，收入与付出都不成正比，似乎与“迎娶白富美，走上人生巅峰”的伟大理想还相去甚远。

这两大障碍是天然地存在于自媒体身上的，因此，如果还是按照自媒体的老路走下去，这将是无解的难题。

如今，社群和社群经济已得到广泛认可，而自带粉丝光环的自媒体天生就具有社群化的优势。我们知道，与自媒体单纯的“写→看”不同，社群媒体的运作模式更加立体，它通过内容吸引和筛选用户（粉丝），用户沉淀下来后形成社群，社群成功运行后，群成员又源源不断地共同产出优质内容持续吸引用户。社群一旦形成，围绕社群的商业变现模式便可以多种多样。

第二章

社群媒体的本质

有人曾说，活跃度高的就是好社群；还有人说，有一套好的门槛群规的就是好社群；有的人则坚持，只要是能赚钱、能变现的都是好社群。那么，对于一个社群的好坏评判到底有没有一个统一的标准，社群的真正目的和社群媒体的关键环节究竟是什么，这都是本部分要集中讨论的内容。

2.1 好的社群媒体到底有没有标准

什么样的社群才是一个好社群？目前，市面上关于好社群的评判标准有以下几大主流观点：

（1）活跃度高的就是好社群？

活跃和互动应该是大多数社群梦寐以求的，但是，很多活跃的社群，往往被闲聊灌水、垃圾信息刷屏，你能说这是一个好社群吗？

（2）有一套好的群规的就是好社群？

你在社群创建之前就设置了一套门槛进行筛选，如此成员质量该很高了吧？非但如此，你还制订了一系列的群规，该干什么，不该干什么，这样我该收获一个高质量社群了吧？

可现实情况却是，群成员大多积极性不高，甚至不发言，你能说这是一个好社群吗？

（3）能赚钱、能变现的就是好社群？

且不说如今能变现的社群少之又少，就算是那些已经变现了的社群，大多靠的是收费和卖货，把社群当作广告内容的出口。这种变现模式不具备可持续性，犹如竭泽而渔，你能说这是一个好社群？

凡此种种，这些所谓的标准都是很随意、很片面的，相当于没标准，从而无法真正对一个社群做出客观、有效的衡量，更无法对如何建立一个好社群做出建设性的指导。

那么问题来了，好社群的标准到底是什么？

从以上的分析可以看出，评判一个社群的好坏，不能只用一些表面数据去衡量，而应从社群的本质内涵着手。这样制定出来的评判标准，才更加客观，对于社群的运营也才更具指导价值。据此，我认为衡量一个社群好坏的根本性标准是：能够更好地完成社群目的的社群才是好社群。

为更好地理解上述结论，我们先对北京师范大学张江教授关于“复杂系统”的相关研究予以介绍。张教授的“复杂系统”可简化为“目的—控制”理论，即个体通过一套简单规则的运作形成自组织，自适应地去中心化，进而“涌现”出超越个体的群体目的。在群体目的形成后，又不断发出指令，反过来对个体进行控制。总之，个体通过这套简单规则的运作，往往会发展出非常复杂的系统。

回到社群，我们可以这样认为：群成员通过一套“简单规则”连接在一起，形成了自组织、自运行的社群，进而“涌现”出超越单个群成员的社群目的。有了社群目的，社群就能对群成员发出指令形成控制，并通过控制实现社群目的。与此同时，群成员在这套“简单规则”的运作下，往往会创造出巨大价值，这是单个群成员无法完成的。

因此，“能更好地完成社群目的”，本质上是完成这个“目的—控制”的过程。如此，才能称作是一个成功运作的社群。

为什么说能够更好地完成社群目的才是好社群？

众所周知，目前绝大多数社群，特别是建立在微信群上的社群，都是混乱无序的。而我们知道，社群不是群成员简单地叠加在一起，它是有机的，因此必须是有序的。回过头来，一个社群如果能完成“目的—控制”的过程，那么它便能通过社群目的发起控制指令，进而使社群从无序到有序。有序才会有价值，才会涌现出“1 +1 >2”的群体智能。

说到这里，我们有必要来认真谈谈社群目的了。

2.2 社群目的到底是谁的目的

一、 社群目的——“这个错误并不美丽”

我们知道，社群目的是发出指令、实现控制的理论依据、伦理基础。如果没有社群目的，任何控制手段都缺乏支撑，必定是无效的，对群成员也就失去了实际的控制力。

半个多世纪以前，诗人郑愁予错把“过客”当“归人”，此后哒哒的马蹄所犯下的美丽错误便一直为后人所铭记。半个多世纪之后，很多人又误把社群群主的目的当作社群的目的。比如：

打着社群的旗号做培训。甚至可以说，如今市面上林林总总的各种社群，90%都是培训群。无论是知识分享，还是技能培训，本质上都是社群主在变现自己的知识和技能。

打着社群的旗号收会费。如果只把收费当作入群的门槛，倒无可厚非。可是现今很多收费社群走入了误区，把收费当作变现手段，当作社群目的，动辄几千上万元。其实，这本质上是社群主在变现自己已有的影响力和势能。

打着社群的旗号卖产品，这是把社群当渠道，本质上是社群主在变现自己的产品和服务。如今很火的网红电商社群，以及各种营销群，其实都是在完成社群主的目的。

这样做的后果是，一方面，群成员积极性不高，无法实现社群目的，另一方面，有的人把单个群成员的目的当作社群目的，如把社群当作人脉渠道，进群疯狂加好友，社群成为群成员拓展人脉的地方；或者把社群当作发泄渠道，社群成为群成员发泄情绪、无意义吐槽的地方，长久以往造成极为不良的影响，最终社群将失去控制，陷入混乱直至毁灭。遗憾的是，这次的错误并不美丽。

二、 社群目的的分类——“也识庐山真面目”

社群的目的究竟是什么呢？我们所说的社群目的指的是群成员通过一套简单规则，互动、交流进而自发地涌现出来的高于群主或单个成员的一种目的。通俗来说，社群目的是群成员在相互交流碰撞中达成且一致认同的共同目标。在具体实践层面，社群目的可分为以下几种：

（1）商业目的。这与普通的“产品从 B 端到 C 端”式卖货不同，而是从一开始就基于社群收集群成员的需求，通过股权众筹、产品众筹等方式让群成员参与进来，打造符合用户需求的品牌或产品。

（2）非商业目的。社群更为本质的目的在于交流思想，实现“1 + 1 > 2”的群体智能涌现。当然，这里的交流思想，不是简单的“分享 + 讨论”，而是每个群成员都能利用简单规则完成简单任务，自主创造内容，进而迸发出高质量的 UGC。值得注意的是，社群目的一旦涌现，它将不以个人的意志为转移。无论是社群主还是群成员，个人目的的改变不会引起社群目的的改变。即便是有部分群成员退群了，社群依然会自动发出指令，自我维持，添加新成员，加以补充，继续朝着共同的社群目的而前行。社群目的的变化只会发生于群成员的相互交流互动中，而不会静态地裂变，这也是很多社群可以利用淘汰制剔除旧成员并不断吸纳新成员的理论依据。当然，你尽可以把社群主或单个群成员的目的当作社群目的，不过，这肯定会限制社群的自发展，群成员也无法在简单规则的作用下创造出更大的价值，社群将缺乏丰富性和多样性，这在本质上已不再是我所认为的社群。

三、 实现社群目的的保障——控制

要想达成目的，群体必须有序，要实现有序，必须对群体渗入控制。所以，控制是达成社群目的的保障。

1. 简单规则——社群实现控制的手段

现实生活中，实现控制的手段多种多样，比如：

- 国家要实现有序，采取的是国家机器手段控制；
- 军队要实现有序，采用的是命令和纪律进行控制；
- 企业要实现有序，利用的是一套组织行为学进行控制。具体来说，就是薪酬、绩效、股权等。

那么，社群实现有序，应当采取什么手段进行控制呢？在回答这个问题之前，我们先引入一个动物世界“蚂蚁觅食”的例子。

蚂蚁由于体型弱小，视力不佳，在觅食活动中，每只蚂蚁只能完成简单的任务。它们的行为规则也非常简单：从蚁巢出发，见到食物就折返，同时沿途释放信息素以吸引其他同伴。然而，就是这么简单的行动，使得蚂蚁找到了食物和巢穴之间的最短路径。

原来，蚂蚁在寻找食物的过程中，有的走了直路就发现，而有的走了弯路才找到。由于蚂蚁释放的信息素挥发很快，导致长通路没有短通路有吸引力。于是，越来越多的蚂蚁能通过越来越短的路径到达食物处，而那些比较少蚂蚁走、信息素淡的路径便慢慢被放弃，由此出现了一条从巢穴到食物处的最短路径。

蚂蚁觅食的行为就是通过简单规则的控制让个体相互作用、互动，从而形成有序价值，最终爆发出群体智能的伟大。同样地，如果要对社群成员形成控制，必须采取一套“简单规则”。如果说控制是实现目的的保障，那么规则就是实现控制的手段。对于社群来说，简单规则的核心是一套发言机制、议事规则。它固化了群成员间的配合方式，指导群成员先做什么、后做什么以及如何去做。

社群不像国家和军队，可以采取暴力手段控制。与此同时，它也不像企业可以靠薪酬控制，这是因为社群成员之间是弱关系连接。因此，对于社群的控制不可能是一般意义上的强制性措施，而只能是通过“简单规则”，群成员形成自组织、自运行，自发产出优质内容，从而实现社群目的，并且涌现出巨大价值，达到真正的“无为而无不为”，这才是控制的最高境界。

由此，可以看出，通过简单规则对社群进行控制，与“去中心化”组织的核心是一致的。

2.“简单规则”的设定

从蚂蚁觅食活动中我们可以看出，“简单规则”对于社群来说，本质上是一套社群活动的流程与方法。它不同于群规，也不同于繁复的互动技巧。

它是社群活动的一套基本机制，具有以下鲜明的特点，我们在设定规则时也必须遵循这些特点：

（1）“简单规则”是每个成员都必须执行的

在蚂蚁觅食中，每个蚂蚁都必须遵循觅食规则，才能最终找到最短路径。在社群活动中，每个成员也必须遵循“简单规则”，才能达成社群目的，涌现巨大价值。

（2）“简单规则”是每个成员都很清楚的

蚂蚁对觅食规则是本能反应，“简单规则”也必须内化到每个成员的思维中，成为思维和行动的习惯。每个成员不但要清楚，而且是条件反射式地做出反应。

（3）“简单规则”必须可衡量、可记录

顾名思义，“简单规则”必须简单清晰，群成员在执行时，能够方便被衡量和记录，到底是遵循了还是违背了规则。蚂蚁的觅食规则就是简单可衡量、清晰可记录的，毕竟对于有没有发现食物并折返（是否执行了规则），所有的蚂蚁都可以立即做出判断。而诸如“每个成员都要有良好的意愿”，“每个人都要凭良心行事”等，这都不是可衡量、可记录的规则。

（4）“简单规则”应具有互动性

蚂蚁通过释放信息素达到互动，社群的“简单规则”也应该能够促使群成员达成互动、传递信息、交流想法、表达情绪等。在这种相互作用下才能实现目的，涌现价值。

（5）“简单规则”应保证每个成员的独立性

蚂蚁在觅食活动中，并没有一个发号施令的领导者。在社群中，单个成员在执行简单规则表达想法、做出行动时，也必须是独立的，而不应受制于群内的 KOL，这样才能保证涌现出来的价值具有无限性、多样性。

因此，以上所描述的“简单规则”与所谓的群规有着本质的区别。群规是针对群成员的限制性准则，它规定群成员“该做什么，不该做什么”，类似于一个企业中的员工手册。而“简单规则”则是社群的流程性保证，它指导群成员“先做什么，后做什么”，类似于一个企业中某项工作任务的具体流程。在一个社群中，不准闲聊、不准打广告，这是群规；每个群成员必须在特定时间内完成特定任务，并对任务做出评价，以甄选最佳答案，这是规则。

相比之下，规则比群规对于社群的成败起着更为关键的作用。规则是群成员的发言机制、行动指南，是促成群成员自组织、自运行的动力，是社群生产内容和产品、创造价值等的根本方法和基础模式。

总之，社群必须通过控制才能实现目的，而“简单规则”则是社群实现控制的手段。无论是入群门槛、群规还是互动技巧等，它们都是无关乎根本的一些辅助运营技巧，真正决定社群成败的是其内在的运作机制，即“简单规则”，如图 3 所示。

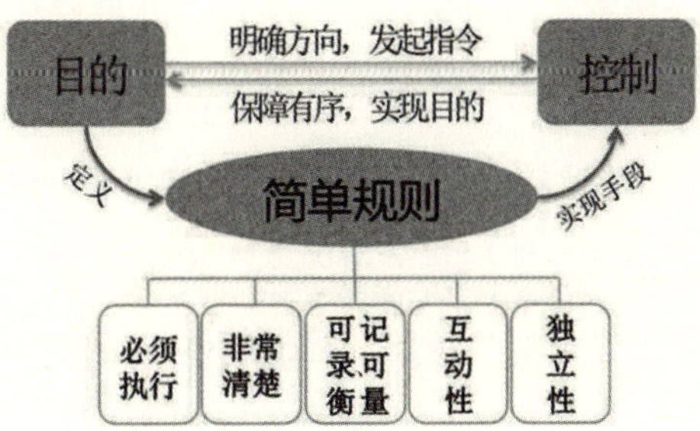

图 3　社群的“简单规则”

2.3 社群媒体的四个环节

一、内容生产

我们知道，内容生产首先要明确的是为谁生产的问题，而这恰恰是自媒体薄弱的地方。自媒体往往是由一个中心产出内容，粉丝单向地消费内容，即一个写，一个看，两者之间缺少互动和反馈。社群媒体则不同，由于粉丝沉淀在社群里，天然地便具有了高黏性和高互动，这使得社群媒体的目标用户非常清晰。因此，在内容生产上，便有了明确的方向。对于内容的喜恶，群成员会有高效而直接的反馈，甚至在内容产出之前和产出的过程中，群成员也可以参与并提出反馈意见。所以，社群媒体产出的内容是高精准度的。

此外，与自媒体单纯靠中心生产内容的 PGC 路线不同，社群媒体走的是“PGG + UGC”路线，即内容由社群成员共同创造产生，产生的内容经过加工整理，再以优质 PGC 内容的形式呈现。相对于自媒体，社群媒体这种由群成员共同生产内容的方式，解决了以下两个问题：

（1）内容生产的可持续性问题。群体的智慧是无限大的，内容既然由群成员共同产生，自然便不用担心内容枯竭问题。

（2）内容消费的审美疲劳问题。有一个基本的心理规律是，当一个人对一件事情进行积极参与时，它便不那么容易对产出的成果产生审美疲劳。

很显然，社群媒体产出的内容有自己的智慧和汗水，你还会对它产生厌倦感吗？比如李笑来的社群，他与群成员共同总结学习，一同创作书籍《七年就是一辈子》，这样的内容，群成员是不是会主动分享？又如干货帮社群，内容来自每次嘉宾的分享，这自然也解决了不可持续的问题。

二、 内容传播

我们知道，自媒体的运行模式简单，只有生产（比如写）和传播（比如看）的过程，这导致其传播渠道单一，只能依托于某些平台才能维持一定的传播量。一旦脱离某个平台，或者该平台活跃度下降，那么其生产的优质内容则无法得到有效传播。

此外，自媒体由于没有社群来沉淀用户，缺乏有效的变现模式，往往对内容版权十分看重，一般只愿意让内容在自有平台上传播，而不欢迎其他渠道的分享。比如很多自媒体人是禁止其他机构和媒体转载自己内容的，因为这样势必会分散该自媒体本身的流量。这对于靠流量来卖广告变现的自媒体人来说，无异于抢夺饭碗。

从以上两点我们可以看出，自媒体在内容传播上是受限的，更是无法形成全网传播的。我们再来看看社群媒体的情况。

社群媒体的内容是流量的入口，而社群即是流量的沉淀。社群媒体产生的内容在群成员间可形成有效的传播，而不必仅仅依赖于其他的媒体平台。

为什么？我们回归到社群媒体的运作模式，其内容的生产由群成员共同完成，内容的传播也在群成员间完成。社群媒体的群成员即粉丝（用户）。所以，相比于自媒体来说，社群媒体的传播渠道更丰富，而且十分高效和精准。

更加可贵的是，社群媒体在内容上可以形成全网传播。因为一旦形成社群，社群媒体的变现模式是多种多样的。社群媒体关心的不是 copyright，而是 copyleft，它并非靠内容本身变现，内容主要是形成影响力，组建社群。因此，只要注明出处，社群媒体的内容是十分欢迎他人传播的，容易形成全网传播。

比如超级社群罗辑思维，由于优酷当年阻止其加广告，使得他转而积累用户形成社群。如今，罗辑思维只要有内容产出，在社群内部就能形成高效和高量的传播，就连卖东西，社群会员都是争先恐后，这就是社群媒体在内容传播上的魅力所在。

三、 用户沉淀

在社群媒体中，内容只是手段，它是用来吸引用户、组建社群的工具，社群才是价值核心。与自媒体想办法增粉不同，对于通过内容吸引过来的用户，社群媒体往往自设规则和门槛，符合规则的人才可以进入社群，进行共同创造，不符合规则的人则不带你玩。也就是说，社群媒体通过内容来吸引用户，再通过规则来筛选用户。

为什么要自设门槛，阻碍群成员数量的发展？原因很简单，通过一套规则体系筛选出来的用户往往是自有用户，而且是高质量用户。对于今后社群内容的生产，以及围绕社群的商业变现来说，这是基本的前提和保障。

很多运作得很好的收费社群，收费即是一个门槛。比如李笑来的“共同成长”社群，会员费已经达到7000元；又如ScalersTalk的共同学习社群，入群每人得交1000元，然后共同坚持和学习一件事情，一同成长；还有知名企业家社群正和岛，看其入群的规则，更是远非单纯的交钱那么简单：

（1）拥有健康、阳光、负责任的价值观；

（2）所在企业的创始人、董事长或总裁；

（3）所在企业系独立法人企业，成立三年以上，且上一年营业收入须在1亿元人民币以上；

（4）所在企业从事对社会有益的产业或事业；

（5）所在企业在登岛前三年内，无重大违法、违规记录；

（6）追求成长、热爱学习、乐于分享。

正是因为社群媒体有用户沉淀的过程，有社群的存在，所以，相对于变现无路的自媒体来说，社群媒体不必死守内容，它在商业变现上将有无限的可能。

四、商业变现

由于社群媒体摆脱了对内容变现的依赖，因此其商业模式往往是生态的、多样的。因为抓住了“社群”这一价值核心，所以无论是收会员费、社群电商，还是社群广告等，社群媒体都能够玩得转，这也是目前很多社群在变现上的普遍做法。

比如收会员费，它既是门槛，也是变现渠道，是很多运作得好的社群的基本变现方式之一。

又如电商，罗辑思维曾经就一直主张，社群应该走电商的道路，而且他们也在身体力行，卖书、卖年货。

社群广告更是有新的玩法，很多人花30万元在传统媒体上打广告，收效甚微。但是如果你直接将30万元花在自己的社群里，效果就会好很多。比如MINI Cooper要是想打广告，就可以提供两辆MINI Cooper的使用权，在某个社群里组织抽奖活动，获奖者将获得MINI Cooper一年使用权，这一定能将群成员引爆，然后自发地帮助宣传。费用可能还不到30万元，这是不是比粗放式的打广告更能让用户认可自己的品牌？

不过，电商、广告、会员费等，都只是社群媒体具体的变现方式之一，而社群媒体商业模式的真正伟大之处，在于群成员组织在一起后，能够共同创造出无穷的价值。

是的，我们应当从根本上进行观念转变了，不能老想着向群成员收钱，不能将社群成员当成被榨取的目标：今天收费，明天卖货。群成员不应是被宰割的“肉猪”，而应该是会下蛋的“母鸡”。

当我们的观念转变了之后，社群媒体在商业模式上无限的可能性就真正凸显了出来：

首先，社群成员应当是社群的种子。群成员是社群内容、产品等的第一批种子用户，他们试看、试用，然后反馈，甚至直接参与创作，然后对外进行口碑宣传，把社群品牌传播出去。而这对于品牌发展来说，将是无价之宝。

其次，社群成员可以共同创造内容和产品，“对外收费”。不论是电商、广告，还是会员费，本质上都是“对内收费”，即向群成员收取费用。既然社群媒体的内容是由群成员共同产生，那么，我们自然便可以想到另一种变现模式——“对外收费”，即社群主与群成员共同创造内容和产品，针对社群外进行变现。比如，互联网文案专家李叫兽组建的社群，便是发挥了社群媒体创造价值的无限可能性，对传统意义上的咨询业进行了改造。李叫兽通过作业、练习的形式，利用群成员的集体智慧，给很多前来咨询的商家提供营销服务。所谓众人拾柴火焰高，群成员本身就是各行各业的专家，这样做出来的营销方案，既有高度又可实操，前来咨询的商家自然也会满意。

总的来说，社群媒体在内容生产上采取的是“PGC + UGC”模式，在内容传播上既有群成员传播，又有全网传播，而且更加注重用户沉淀，商业变现上更是有无限的可能。

可见，未来将出现生态林立的无数社群，每个人都可以加入多个社群。而且，人们将会以自己加入了某些特定的社群而产生优越感，并自觉地将自己与身边的人区别开来。当人对社群媒体趋之若鹜的时候，即是流量红利爆发的时刻。

事实上，在走向未来的道路上，可怕的不是你不够努力，而是你努力的方向不对。先知先觉的人已经在行动，后知后觉的人也已在奋力追赶，你一定不能做那个不知不觉的人。

第三章

社群媒体的内容生产

社群媒体在互联网创业中是一个新的概念，它摆脱了过去自媒体人单纯依靠压榨自己的剩余价值去换取流量、形成变现可能的创业模式，将优质流量也纳入到了创业模式的核心，即内容生产中来。

3.1 案例回顾——内容为王，百花齐放

场景一　“灵魂有香气的女子”

2013 年，伴随着移动互联的发展，纸媒开始走向式微。出于媒体人的职业敏感，一大波纸媒从业者开始转向自媒体，陶妍妍便是其中一位。2016 年 11 月初，女性公众号“灵魂有香气的女子”获得数千万 Pre-A 轮融资，估值 1.5 亿元人民币。公众号粉丝数 140 万余人，旗下中产阶级女性社群“香蜜会”人员达 1.2 万人。陶妍妍便是公众号“灵魂有香气的女子”的创建者。

陶妍妍 2003 年毕业后便进入纸媒行业，著有随笔集《谈情说爱》等。在经历了纸媒的黄金十年之后，转而投向移动互联，于 2013 年开始经营起微博和博客。微信兴起后，又与好友李筱懿一起，在 2014 年 7 月 14 日开了公众号“灵魂有香气的女子”。名字来源于李筱懿的同名畅销书，讲述了 26 位民国女神的故事，最初的一批粉丝也是书籍的读者。

公众号的定位是向女性传递“成长比成功更重要”的价值观，用美

文的形式发表见解，引导女性做更好的自己。对于自媒体来说，要做到日更或周更，对个人的消耗很大，只有少数的顶级写手才能做到。陶妍妍很早就意识到这个问题，所以一开始的内容产出就不是单向的，每周会选择质量高的读者来稿作为补充。其实这个工作也会占用很长时间，因为要从大量稿件中选择气质符合的，还要进行修改，但这体现出了对读者的重视。

在公众号持续往前走的时候，会遇到一些节点，比如李筱懿在无意中创作了一篇爆款文——“婚姻里，你孤独吗”，圈了很多粉丝。此后，她们就有意识地探索这种文章的特点，研究受众的心理和审美取向，按照需求去创作，爆款文频出，扩大了自媒体的知名度。在此基础上，公众号形成了“轻悦读”“女神范”“看世界”“影视圈”等不同的栏目，定时向读者推送主题清晰、文风优美的文章。

陶妍妍认为，写出来的只是文本，大家阅读之后才是文章。传统媒体的从业者是无冕之王，表达完了之后，读者怎么理解是读者的事情，是单向的。但在互联网的传播空间里，自媒体人就像站在广场上说话，首先要引起大家的注意，然后要根据受众的表情态度，不断调整话题和内容，不要让大家走开，“如果听众觉得你说得不错，就会一传十，十传百，吸引更多的人来，这就是互动性”。

所以，“灵魂有香气的女子”很重视与受众的互动，称呼自己的粉丝为“香蜜”，要求栏目编辑亲自回复粉丝的留言，因为这样才能知道她们的“痛点”在哪里，如何让文章变得更好。同时，公众号还重视对粉丝自己故事的展现，开设了“蜜友圈”栏目，专门报道那些活得精彩的女性，让读者感觉到这些高质量的人群就在自己身边。

而蜜友们从公众号中得到的不只是对生活认知的提高，还有机会打造自己的品牌。2015 年，“灵魂有香气的女子”面向全网征集生活美文，出版了《爱的年份》，上市后不久在当当网新书榜上排名前五。2016 年，她们改变了策略，从蜜友中选取了三个风格相近的作者，围绕同一个主题进行写作，打造出《女王自有天下》，也已经上市。这两本书和李筱懿的著作一起构成“灵魂书系”，是公众号的核心品牌，也是自媒体社群化的重要成果。

“在自媒体时代，社群的重要意义就是可以在内容上进行反哺，告诉自媒体人，受众真正想看到的是什么”，陶妍妍说。“灵魂有香气的女子”正是因为很早就看到了社群的这个作用，才会在内容风格和生产方式上适时做出调整，形成竞争力。

“灵魂有香气的女子”最早是通过公众号来连接读者，是一种依靠美文和回复互动进行的虚连接。2015 年 6 月，她们在公众号上发起了一次泰国清迈游活动，每人费用 9999 元，想通过高价格门槛和高质量服务，筛选出黏度高的种子粉丝。本来计划发布 6 期文案，但到第二期的时候名额就报满了。

这次活动给陶妍妍感触颇深，是她第一次和粉丝近距离接触，了解她们的真实身份和人员构成，比如有来自山西的公务员、上海整容医院的院长、金融行业的高管等。团队有这么高质量的粉丝，是一笔巨大的财富，应该把她们运营起来，而参加这次旅行的人员，也希望能有更多的活动。

再加上李筱懿新书出版后，需要到各个城市开发布会，组织签售，当时想把这些爱读书的朋友聚集在一起。2015 年年末，“灵魂有香气的女子”开始在全国各地建立社群组织“香蜜会”。伴随着公众号粉丝的增长，香蜜会的规模也在扩大，目前已在 40 个城市建有大群，同时还有 5 个兴趣群，覆盖人员达 12000 人。

为保证分散在各地的兴趣群都能高效、系统运转，“灵魂有香气的女子”构建了规范化的运营体系。每个城市的群都有被称为“班委会”的管理机构，由热心的成员组成。每月至少有两次线上语音分享活动，群主会提前向成员征集关于主题的意见，就像公众号一样，按需求提供内容。

同时，各地的香蜜会每个月都会组织线下活动，比如插画、茶艺、品红酒、美食烘焙等。班委会先确定形式，成员自主报名参加，只要达到一定程度，总部就可以帮助进行招募。活动做完后，还会在公众号的“蜜友 party”栏目进行展示。而同城的女性在看到这些活动信息后，也会有兴趣加入进来，成为新的香蜜。

据“灵魂有香气的女子”对社群成员的数据来看，这些香蜜们大都是 25 岁到 45 岁之间的女性，广东省人数最多，其次是山东、北京、上海、浙江等地，以沿海城市为主。她们受教育程度较高，75% 的人有大专以上文凭，留学生和研究生所占的比例也很大，家庭月收入两万元以上的人占比 20%。这群女性既不是土豪派，也不是生活拮据者，她们过着正常的生活，有自己的思维方式，正如陶妍妍所说：“我们都是情绪稳定的中年人，内心比较平静，与这个世界的关系是和谐的。”

香蜜会提倡“灵魂有香气的生活方式”，通过线上内容和线下活动将成员们聚合在一起，互相影响，在社交中增强人与人之间的黏性，蜜友们不觉得这个公号是属于李筱懿和陶妍妍的，而是大家共同经营的平台。同时，社群又刺激了内容的二次发酵，并产生更多优质的内容，由此形成一个不断壮大的闭环系统。

场景二　“斑马邦”——为“内容”插上翅膀

“国足虐我千百遍，我待国足如初恋”，这是球迷们的一种自嘲，也是真实情感的流露，出发点都是对足球这项运动的喜爱。尽管任重道远，中国足球环境的变化还是有目共睹的，并有越来越多的人参与进来做些事情。足球工具“斑马邦”，便是从踢球爱好者群体出发，将管理服务和打造内容结合起来，在记录大家足球人生的同时，也让业余足球玩出了专业范儿。

创始人蔡昭华，之前已经有着丰富的“互联网 + 体育”从业经验。2005年到2014年，他一直在美国NeuLion公司负责研发工作，为包括NFL、NBA、NHL等在内的大联盟赛事开发新媒体工具，并兼任了中国区总经理，成功与CNTV合作建立了央视网的体育VIP业务。离开NeuLion后，他加入了中国综合性体育集团——智美体育，担任副总裁和CTO，该公司独家运营了一系列马拉松赛事。这个过程中，他看到体育行业处处都在尝试，与其在大公司等决策，不如自己来摸索，于是又选择了创业，最终便有了“斑马邦”的诞生。

“斑马邦”的主要功能就是两块，一个是球队管理，一个是赛事管理。由于蔡昭华之前在NeuLion公司已经有了研发经验，现在要做的就是把专业的模式嫁接到业余运动中去，因而开发速度很快。2015年5月，“斑马邦”团队到位，8月份产品上线。一年之间，APP的用户就达到20万，有600个赛事和1万多个球队入住，发展极为迅猛。

不同于一般的体育应用只把注意力集中在功能开发上，“斑马邦”从一开始就注重内容打造，成立了专门的团队，进行PGC生产，同时还注重为球队和球员提供展示机会，通过UGC方式来丰富内容，这也是蔡昭华做社群的重要理念——内容会说话，能把口碑传出去，内容也长有翅膀，能让工具飞起来。

打开“斑马邦”APP的首页，我们能看到各种类型的文章和视频。有关于草根球队的精彩故事，如《飓风席卷的三十年——专访瑞昌飓风足球队》；有足球人生报道，如《农村盐碱地里的足球娃》；有生活趣味话题，如《踢球的时候，你女朋友一般在场下干啥?》……有了这些人情化内容的展现，球队和球迷都把“斑马邦”看作是自己的工具，而不是“斑马邦”的，蔡昭华说。

在这些内容中，最引人注目的是两个视频栏目：“斑马邦学堂”和“五佳球”。

斑马邦学堂。这是一个原创精品趣味足球教学栏目，从2015年8月就开始推出，每月一期。内容包含有踢球技巧、训练健康知识、场馆介绍等，以有趣的方式展现出来，很受欢迎，已形成了口碑。

五佳球。“斑马邦”每周搜集数百个业余比赛的视频，从中选出五佳球。以前，大家只能在媒体上看到职业联赛的精彩进球，现在业余球员也有了出名的机会。五佳球推出后，很快得到上海五星体育频道的注意，邀请在电视上播放。踢球者看到自己的名字和号码出现在荧屏上，自然很振奋。

内容是最能打动人的东西，也是最能凝聚社群的东西。对于互联网应用来说，方便的功能是吸引用户的基础，而精彩的内容则是一种软文化，有塑造社群价值观的力量。

场景三　“懂球帝”——对“劣币驱逐良币”Say No!

几年前，在北京知春路一栋100平方米的小民宅里，铁杆球迷出身的南方小伙陈聪创建了“懂球帝”。陈聪本人来自革命老区井冈山，本科毕业于武汉体育学院足球专业，后在百度贴吧任职产品经理。

2015年，“懂球帝”凭借在央视做广告火了一把。那时候，谁也没想到一个小小的创业公司有魄力在央视上砸广告，可陈聪愣是这么干了。2015年1月，“懂球帝”拿到红杉资本A轮投资；2016年9月初，足球垂直社群懂球帝获得苏宁领投，C轮3.5亿元人民币融资的消息不胫而走，后来被业内媒体转载报道，一时间引发大量讨论。在此之前，体育产业中，跑到C轮及之后的公司可谓凤毛麟角，除了早前的虎扑体育，最近一期就是Keep的C轮融资。

社区或许是互联网上最难做的一种产品，同一细分领域中只会有第一，没有第二。它甚至像一个国家，需要制定各种各样的规则，同时还得满足庞杂的用户需求。而在足球创业领域中，既懂足球又懂社区产品的人实在太少——所幸陈聪就是其一。

“懂球帝”的产品逻辑很有说服力：它通过高质量的内容和话题吸引大量用户进入，并通过社区规则确保社区的包容性，再将用户分为不同的主队和圈层，最后形成自己的社区调性，这是一个聚众又分众的过程。实质上，这背后是球迷群体两种刚需博弈以及协调后的结果。这两种刚需为：

（1）内容需求：赛事IP之外，所有和足球相关优质内容的持续供给；

（2）交流需求：不同球迷群体之间的交流，包括如何处理球迷群体之间的各种关系。

这两种需求又有一种先后关系。因为移动互联网的易用性，大大拓展了线上球迷群体的量级，使得原先 PC 时代需要费力寻找的足球资讯可以简单快速地呈现在面前，那么球迷的“专业度”就会适量下降。

移动互联网带来了更泛化的球迷群体，或许他们没有讨论的意愿和知识水平，仅仅想在比赛之余看看八卦资讯，那么“懂球帝”超高的新闻更新频率（每小时 3 ~4 条）就给了他们一个留下来的理由。

除此之外，“懂球帝”对于社群的建立和维护更是有着以下认识：罗马不是一天建成的，社群也是。这里还有一个重要公式：P（社区当前用户体量）×C（新增用户承载力）= E（新增用户边际）。

新增用户承载力由社区调性健康度（H）和社区结构完善度（S）决定。一定体量的社区在一定时间内能承载的用户增量是有限的，一旦超出，社区调性和结构就很有可能被破坏，从而降低对新用户的承载力。新增用户边际一旦到负值，社区就会开始萎缩。有不少知名社区因为对流量涌入不加控制，盲目追求增速，最终调性破坏，适得其反。“懂球帝”的投放和用户增幅始终控制在健康范围内，给了社区充足的时间来消化和融入用户。

社区调性健康度（H）是重中之重，宜开放而忌封闭，核心是严肃、专业的高质量内容和有素质的讨论氛围。无论是喷子、拉帮结派、低质量内容和交流，都会导致用户层面的“劣币驱逐良币”，破坏社区调性。陈聪曾在贴吧做产品经理，善于处理极端复杂的社区环境，来到垂直类的体育社区正是用高维打低维。

通过兴趣把用户拉过来之后，“懂球帝”针对每一层的用户去分层，去发现用户的核心需求并满足。例如，现在有很多 90 后、00 后的学生用户，这些年轻用户需要获得幽默、愉快的内容，所以“懂球帝”的内容和讨论版块也从一开始的明显专业、深度导向向更为活泼、有趣的娱乐化导向扩展，适应这些用户的需求。

社区结构完善度（S）同样极为重要，除了对用户的分层、意见领袖的运营之外，做社区更需要订下一套公平而有包容性的规则，不能以伤害一部分用户来取悦其他用户。

场景四 “乌潮”——打造“内容”的水库

“乌潮”的前身是在体育迷中很有知名度的“洋葱圈”社区，创建于2014年，是主打赛事统计数据平台的Sponia旗下的一个项目。“洋葱圈”以话题为引导，辅以专业、准确、迅速的体育资讯，汇聚了各类体育粉丝在一起探讨交流，在“内容+社群”方面运营出色。之后便从母体中剥离出来，单独成立一个项目，由胡嘉维任主编，而他之前是Sponia的市场总监。

当看到体育在文化消费中的占比极大，“内容为王”已成共识，而国内又没有一家多元化的垂直体育媒体，胡嘉维和团队便决定以“洋葱圈”为基础，做一个专业的体育自媒体，那就是现在的“乌潮”，在2016年的奥运会期间开启。团队的初创人员，一部分是胡嘉维在Sponia的同事，一部分是他在知乎上认识的朋友。大家都对体育行业怀有热忱，有志于一起做些事情，所以团队本身就含有社群的属性。

胡嘉维认为，现在的内容创业，在把一个读者从引入到完成消费，大概需要经过“流量—注意力—影响力—消费转化”这样一个流程。流量指的是用户/读者的流入；注意力是让你的自媒体在众多的内容选项中脱颖而出；影响力是对受众的观念和行为进行引导；消费转化就是开发目标群体的商业价值，如广告、电商等。

但在这个过程中会出现一些问题，那就是大多数自媒体会把流量、注意力、影响力和消费转化四个要素放到同一个篮子里。比如做资讯内容的媒体，最重要的工作可能不是做资讯，而是想办法进行大批量的流量引入，想通过影响力来引导消费，于是就不得不去追每一个热点，力求在社交传播网中获得关注度。

因此，我们常看到，一旦某个热点出来，所有的自媒体都在追逐，角度尽管各不相同，但题材是同质的，有的恨不得每一条内容都是热点，因为唯有如此，才能够最大限度地吸引读者、影响读者，进行诱导消费。但这样一来，粉丝在消费转化过程中会对媒体的印象打折扣，内心会感到不舒服，于是就导致了想要吸引读者，结果又损害读者利益的矛盾。于是，“乌潮”便根据不同的目的，打造了四个自媒体，即最速足球、快篮球、洋葱圈体育、体育研习社，从而不把所有流程都放在一个篮子里，如图 4 所示。

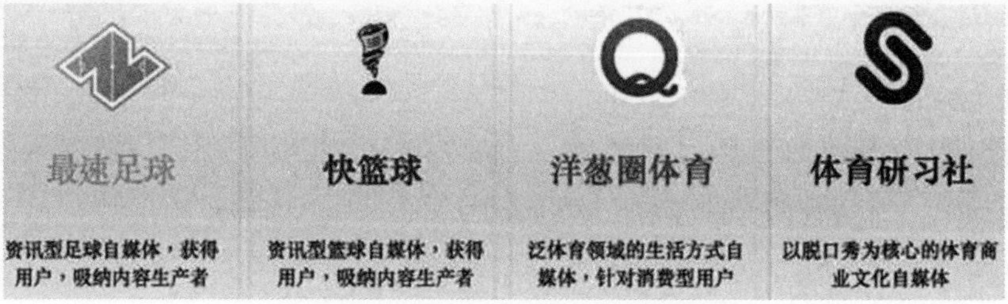

图 4　“乌潮”的四个自媒体

（1）流量通过平台和外部环境引入；

（2）注意力通过“最速足球”和“快篮球”这两个资讯类媒体来完成，因为资讯是高频的基本需求，读者要的是简单直接，不需要额外的负累，就能以最低的成本获得信息；

（3）影响力通过“洋葱圈体育”来完成，提供 3 ~ 5 分钟的泛体育评论，是社会基本的内容消费需求，再加上之前形成的球迷交流社区，也有塑造价值观的作用；

（4）消费转化是“体育研习社”的事情，主打短视频，既有市场需求，又能更加立体和直观地展现内容。

如此一来，在内容构建和布局上，“乌潮”形成了一个内容矩阵，各司其职，分头突破，同时又连为一体，而这也恰恰契合体育媒体的特点。因为体育是一个垂直和细分行业，不存在大一统的圈子，单靠某一个大而全的媒体无法真正满足不同体育迷的需求。

正如胡嘉维所说：“我们建立的社群，是基于某一个自媒体的，目标和价值很明确，就是为自己所在的群体提供观点，说出他们需要的声音。我们不是认为，应该有一个社群就做社群，而是让社群成为大家实现共同目标的手段。所以，社群需要存在，但并不是必需品。”

体育迷是天生的内容生产者，尤其是各类球迷，他们既喜欢观看比赛，也喜欢发表自己的意见，与他人交流。几乎网上的每一条体育资讯下面，都会有大量的留言，并伴随着激烈的讨论。而“乌潮”以足球和篮球为主，自然也拥有大量成员提供的内容，但他们并不迷信 UGC，而是走更加专业化的道路，在内容风格和作者选拔方面形成了自己的模式。

以微博号“快篮球”为例，其内容定位就是及时、准确、客观地发布篮球新闻，做“不庸俗的篮球资讯传播者”。每一条新闻都会标注消息来源，行文中不用感叹号和“惊曝”“虐哭”“狂砍”等噱头性词语，不输出观点，更不引导双方球迷进行争论。胡嘉维曾经提出每天发一条早安和晚安帖，有伙伴质疑“这个东西是新闻吗”，于是这个想法就打住了。所以，只有认可这种新闻价值观的球迷，才会成为这个媒体的内容生产者。

在“乌潮社”群里，有大量能输出内容的潜在群体，但要成为能真正输出有价值内容的作者，还存在一条明显的分界线。没有经过培养的作者会有天赋，但写东西往往比较个人化，缺乏行文标准和对读者需求的认知，而“乌潮”的工作就是帮助他们破除这道隔阂。

由于“乌潮”的四个自媒体有各自的内容定位和风格，给潜在的作者提供了多维度的锻炼机会，他们会得到语言结构、资讯处理、观点提炼等方面的培训，逐渐从一个比较青涩的写手，变成一个成熟的内容生产者。之后，对于那些优秀的作者，“乌潮”会帮助他们形成新的自媒体，相当于孵化，这样就实现了自媒体的矩阵式扩展，同时也丰富了内容线。“乌潮”的孵化模式如图 5 所示。比如，“最速足球”和“快篮球”之前是“洋葱圈体育”的附属项目，聚集了一群对体育新闻有共同态度的伙伴，后来效果不错，就“拉了一个正规军出来”，打造成一个专业的内容平台，成为“乌潮”的重要部分。目前，每个自媒体都有一个团队，由一位主编负责，而在他的下面会有一批核心作者。在内容生产方面，用胡嘉维的话说：“社群为‘乌潮’提供了水库。”

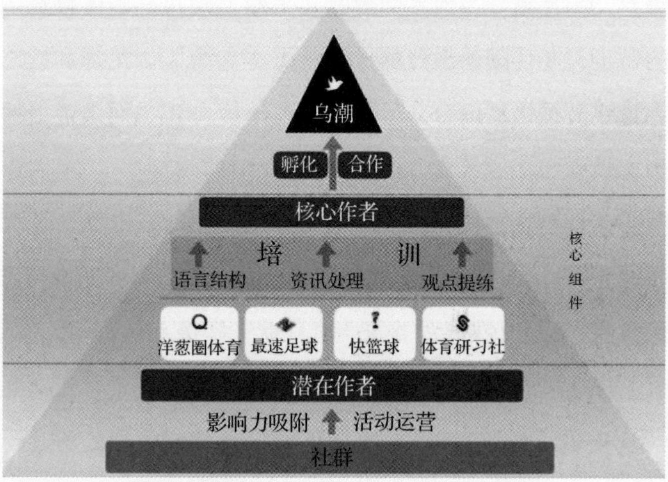

图 5 “乌潮”的孵化模式

场景五　“Dreamers 电影评论”

虽然被称之为“第七艺术”，但承载了大量商业属性和娱乐诉求的电影，在大众文化时代，已成为人们的一种日常消费产品。大家观看电影，同时也评论电影，尤其是自媒体的热风吹起之后，涌现出了数量庞大的电影类公众号。它们无一例外都会遇到内容的个性化和持续输出问题，能保持生存并实现经济变现者寥寥无几，而“Dreamers 电影评论”便是其中之一。如今，其公众号的粉丝已达 9 万，并朝着公司化经营的方向发展。

公众号的运营者景星（笔名：独自哥哥），本职做金融法律服务，不同于很多人现在才开始意识到社群媒体是自媒体的最好出路，景星一开始做公众号的时候就采用的是社群思维，组织了一批志同道合的影评人，打造出一个开放的发表平台，并逐渐沉淀出核心作者群，实现了健康持续发展。

2014 年 3 月，聚集着一批影评人的时光网大幅度改版，强化了网站自身的咨询内容，弱化了影评推荐内容，让影评人失去了一个展现自己文章的阵地。而就在这个时候，微信公众号开始快速发展，景星组织了十几个常在一起讨论电影的朋友，成立了“Dreamers 电影评论”公众号，内容由大家一起生产，谁写了影评就交给他，然后由他编辑发表。

任何行业的用户都有不同层次，影评也一样。在影评类公众号中，有一种主要关注艺术片，面对的是知识分子群体；有一种是与电影宣传方联系紧密的职业影评人，兼具评论和推广的双重性质；还有一种就是像景星这样的大众影评人。“Dreamers 电影评论”的作者大都是各个高校中影视专业的学生，他们有大量的时间观看影片和撰写影评，专业性比普通观众高，同时又不是职业影评人，文字就显得真诚、有温度，符合大众的口味。

景星最初做公众号的时候，并不是出于功利目的，更像是公益组织，这些作者要么是出于对电影的纯粹热爱，愿意分享自己的见解，要么是想以后进入影视行业，把写影评作为锻炼才能的方式，经济诉求并不明显。他们看到了“Dreamers 电影评论”上聚集的都是与自己同类的作者，便很有兴趣参加进来。而景星也不要求作者必须在公众号首发，他只强调文章的原创性和质量，把它作为一个聚合的平台。这样一来，来稿源源不断，内容的持续输出有了保障。

稿件多了之后，就涉及筛选把关的问题。景星注重的是文章内容的审美性、独立性和时效性。一般每天的头条文章放当日热映电影的速评，第二条放潜力较大的新片解析，第三条放经典影片赏析。随着公众号越做越大，现在的“Dreamers 电影评论”已开设了很多有特色的栏目，比如 Dreamers 集体策划专栏、与蜻蜓 FM 合作的语音影评栏目、与人人影视合作的影评互动等。

也就是说，“Dreamers 电影评论”采用的是典型的 UGC 模式，由社群成员集体生产内容，而景星更多的是扮演一个策划者、组织者和把关者的角色。这种做法有两个优势：一是在公众号整体格调一致（偏学院派）的情况下，不同的作者，有不同的文字风格和擅长的领域，内容具有多样性和新颖度；二是这些大学生作者在名气增加的情况下，又会带动其他写作者参与进来，形成良好的接力。

UGC 是伴随着以提倡个性化为主要特点的 Web2.0 概念而兴起，用户将自己原创的内容通过互联网平台进行展示或者提供给其他用户。显然“Dreamers 电影评论”公众号的内容生产采用的便是严格的 UGC 路线，社群成员集体生产内容，而作为公众号运营者本身的景星在很大程度上扮演的只是策划者、组织者和把关者的角色，从而保证公众号内容整体格调一致，内容多样、新颖、丰富且能够源源不断。

3.2 案例点评——关于“内容”，大有可为

当自媒体创业风起云涌之时，人们无不欢欣鼓舞，认为写作者的春天来了。但大浪淘沙之后，大家蓦然发现，真正实现名利双收的，只不过寥寥几家，于是又纷纷慨叹，自媒体的红利已经过去，转而来到“社群媒体才是下一个风口”的路口。至于如何从自媒体向社群媒体过渡，必须从内容生产这个核心着手，既要考虑纵向的生产者维度（作者），也要考虑横向的产品维度（内容）。看着内容大量的产生，绝对是社群运营极大的成就感之一，内容的产生意味着社群活跃度的提升。

通过对以上案例的回顾，我们发现，无论是由自媒体演化而来的社群（比如“灵魂是有香气的女子”等），还是在创立之初就因社群而生的诸如“Dreamer 电影评论”，无不在内容的生产和输出上投入了大量心思和精力。各家看似百花争鸣，但绝不是毫无规律可循。

1. 聚焦目标用户，精确内容输送——基础

以“灵魂有香气的女子”为例，在其设立初期，内容导流主要还是以

“书迷同好会”形式的粉丝效应为主，这个阶段相对比较脆弱，一旦脱离《灵魂有香气的女子》这本书的语境，所有内容都会很快失去传播力；在第二阶段，“灵魂”对用户进行精准画像，即“城市轻熟女阶层”，再以用户画像为参考提炼出内核，即“成长比成功更重要的价值观”以及“灵魂有香气的生活方式”，开始订制内容输出。在第三阶段，通过对优质用户的筛选，拓宽内容创作主体，最终形成内容创作闭环生态系统。只有通过对目标用户的充分识别，对其偏好和倾向的充分挖掘，完成内容的订制、精准输送，才能保证内容输出的有效性。

2. 建立社群规则，构造有效机制——保障

俗话说，没有规矩不成方圆，运营社群也是同样的道理。要想维持社群的可持续发展，建立适当的社群规则，必不可少。以“懂球帝”为例，为保障内容的持续生产和有效消化，“懂球帝”便按照严格的规则建立社群，并提出了P（社区当前用户体量）×C（新增用户承载力）=E（新增用户边际）的构建公式。“懂球帝”坚信新增用户承载力由社区调性健康度（H）和社区结构完善度（S）决定。一定体量的社区在一定时间内能承载的用户增量是有限的，一旦超出，社区调性和结构就很有可能被破坏，从而降低对新用户的承载力；社区调性健康度（H）是重中之重，宜开放而忌封闭，核心是严肃、专业的高质量内容和有素质的讨论氛围。在通过兴趣聚集用户后，对每一层的用户去分层、去发现用户的核心需求并满足。例如，现在有很多90后、00后的学生用户，这些年轻用户需要获得幽默、愉快的内容，所以“懂球帝”的内容和讨论版块从一开始的明显专业、深度导向向更为活泼、有趣的娱乐化导向扩展，从而去更好地满足这些用户的需求。

3. 打通线上线下，引爆二次发酵——活力

对于“灵魂有香气的女子”而言，截至2016年11月，他们共主办过十多次线上语音分享会，举办过100多场线下主题活动，除了公号核心李筱懿的读书分享签售会外，各地社群管理员会自行主办读书、插花、茶艺、烹饪、手作、色彩搭配、红酒品鉴、家庭自救等主题活动。通过线上线下活动的频繁、有序、高质量开展，人与人之间的社交黏性大大增加，更好地刺激了平台内容的二次发酵，从而产生更多优质的内容。

4. 培养内容团队，复制内核基因——源泉

无论是“灵魂有香气的女子”还是“斑马邦”抑或是“乌潮”，在内容生产上都注重相关团队的建设和培养。“乌潮”首先通过细分市场搭建内容矩阵，其次对社群里具有输出内容潜力的种子选手进行挖掘，再经过对种子选手在语言结构、咨询处理、观点提炼等多维度的系统培训，从而帮助潜力者完成从青涩写手到成熟内容生产者的转变。之后，对于那些优秀的作者，“乌潮”会帮助他们形成新的自媒体，相当于孵化，这样就实现了自媒体的矩阵式扩展，从而极大地丰富了内容线，这也对其他社群内容团队的搭建工作起到了指引作用。

第四章

社群媒体的传播

传播学上对于“传播”的定义是指社会信息的传递或社会信息系统的运行，信息是传播的内容，传播的根本目的是传递信息，是人与人之间、人与社会之间通过有意义的符号进行信息传递、信息接收或信息反馈活动的总称。而我们在前面对于社群媒体产生的相关章节中介绍，社群形成的基本规律是通过内容来吸引用户，再通过内容筛选用户，并保留高质量群成员，最终形成社群；社群成功运行后，又通过一套规则体系源源不断地产出优质内容。在这里，不仅有内容的产生和传播，还有高效的互动。内容也不再是单一的由一个中心产出，而是由整个社群成员共同贡献。不仅如此，社群媒体由于群成员的高黏性和高互动，其产生的内容往往是高精准度的，因此内容、生产和传播的效果均大幅提高，而成本却大幅降低。也就是说，在一个社群内部，存在着频繁的内容生产和信息交换的过程。从信息流的移动方向上来看，这种交换是所有群成员对所有群成员的，即“多对多”。从本质上看，社群既是内容的生产者，又是内容的传播者，社群形成的本质及其运行机制在基因上便决定了其在内容传播上的多向性。具体来说，可分为社群内传播和社群外传播两类。

4.1 社群内传播

场景一　“三个爸爸”

有这么一家公司，30 天在京东众筹了 1100 万元，成为国内首个千万级的众筹项目；他的股权众筹，一个小时筹了 2500 万元，最高筹到 3500 万元，再创众筹奇迹。

在互联网转型的当下，这家公司成功地杀入传统净化器行业，并且做得风生水起。

没错！这家公司就是“三个爸爸”——专业母婴空气净化器。他们是怎么做到的呢？

答案其实并不复杂。“三个爸爸”认为，做好社群的核心就是一定要给参与者身份。如果没有让这个社群参与者搞清楚“我们是谁，为什么要在一起”，是不会产生任何价值的。他们通过调查 700 多个父母，建立了 4 个群，最后剩下 100 多名参与者。“三个爸爸”把这 100 多名参与者提出的意见集合起来，逐个解决，然后反馈给参与者——用户。因此，“三个爸爸”积累了初期100多个粉丝，并不断刷新。而这个粉丝社群在后来“三个爸爸”的京东众筹传播中起到了极为关键的作用。

任何社群都希望有人进来，但又不能让所有人进来，一定要先搭好结构，选择好目标人群。在确定好目标人群以后，还要保证这个社群绝对不是纯粹的用户群，从而在这个社群里建立起属于自己的强关系资源。“三个爸爸”认为，只有通过强关系，利用原始用户做好分享、扩散体系、同化弱关系，才能使整个社群的价值观统一，保证大家做事情的步调一致。

为了更好地让用户参与品牌运作，甚至帮品牌做销售，“三个爸爸”做了不少尝试。其中，值得一提的是“轮值主席”的玩法，每一个“轮值主席”都有权在群里面分享其产品和广告，并作为社群案例探讨。如此一来，成员讨论相当活跃，参与感自然而然地便提升了。

可以看出，三个爸爸为保证社群内传播的畅通做了大量前期工作。(1）让用户拥有参与感，养成其身份意识。(2）充分关注并针对解决用户需求，博得其好感与认同感，逐步把消费者变成用户，然后把用户转化成粉丝，最后让用户和粉丝成为公司的“同谋”。(3）聚焦核心人群，通过强关系，利用原始客户做好分享、扩散体系，再利用强关系同化弱关系，塑造社群内统一价值观。(4）让用户社群裂变，培养用户成为社群内容的制造者和生产者。

场景二　简书社群

率真女孩傅园慧除了给2016年里约奥运会贡献了群众喜闻乐见的表情包外，还让“洪荒之力”这个词家喻户晓。当然，这主要归功于这届新媒体小编蹭热点的能力。热点除了可以蹭之外，还可以拿来学习。在名为“简书—翻译”的微信群里，大家正陆陆续续地将自己对“洪荒之力”的翻译发到群里。

一段时间后，语音代替文字，一条条地被发往群内。一些略带刻意而专业性不容置疑的发音练习活跃在群内，这是大家对“洪荒之力”英文翻译的发音练习。

“晚间翻译参考：prehistorical power。”晚上10点左右，随着这位备注名为“贝小鱼”的人发声定调，群里顿时安静下来。紧接着，“贝小鱼”又看似随意实则迅速果断地一个个@参与讨论的成员，并熟稔地打上“+2”“+3”的分数。之后，“贝小鱼”开始对翻译和发音进行点评解说，同样是简洁而又切中要害。等到从练习到点评整个过程结束，“贝小鱼”还会发一句鼓励性的话作为“今日成长建议”，从而结束当天翻译群的活动，大家再次恢复自由交流状态，有些成员则自发地往群里发当天大家的翻译和“贝小鱼”点评的记录总结。

不错，“贝小鱼”是一名中英同声传译，他是“简书—翻译”群中的主编和运营者。

每天，“简书—翻译”群进行早、晚两次固定的翻译练习，往往是“贝小鱼”将练习任务发布后，群成员便自发地开始操练起来。另外，群成员提交练习的过程可以从早持续到晚，每天20：00～22：00，“贝小鱼”对翻译和发音进行点评，并随时分享自己的心得经验。为鼓励群成员积极参与群内活动，他特意设立了一套积分机制：翻译质量上乘者、对群发展有帮助者等，均能获得积分奖励。当天单次超过5分，可领取红包一份。当月累计超过80分，额外领取红包一个，超过100分，领取大红包一个，超过200分，“贝小鱼”亲自赠送神秘奖及红包一份。

作为一个 UGC 优质原创内容社区，简书从“发现文字的力量”，到“交流故事，沟通想法”，定位越来越清晰，内容的覆盖面越来越大。如今，它已成为所有对阅读、写作感兴趣、渴望通过学习达到自我提升年轻人的群聚集地。

随着用户规模和活跃度的增加，从 2016 年 7 月开始，简书通过在 APP 首页、专题页、官方微博微信等渠道公布了相关人员个人微信的方式，在短短一个月内共吸纳了 2 万多人添加其为好友，简书将这 2 万多名深度用户按兴趣和地域分别拉入相关的群，共组建了 50 多个不同种类的社群。

目前，简书社群主要分为兴趣群和地域群两个维度。兴趣群依托于简书 APP 上颇具特色的“专题”，是“专题”在微信群的一种延伸，比如翻译群、时事热闻群、散文群、青春群、读书群、电影群等。由于专题兴趣组在 APP 上已经具有一定的社区属性，平移到微信群后，社群关系得以放大，连接度、活跃度更加高涨。

地域群是基于城市而组建的社群版块。喜欢在简书看原创内容的用户，按照地理位置分属不同城市，同一地域的人有交流和聚集的自发愿望，线下活动更方便，于是便有了地域群。在这里，他们都因简书而聚拢在一起，相互之间认同感比较高。地域群可以真实地展现各城市的风貌，今后还会调动相关城市群做一些地方志方面的工作。

2016 年 6 月 29 日，简书在 APP 上创建的 50 多个“专题”上发起公开招募主编活动。不久，一批各领域的达人纷纷成为相关“专题”的主编，负责 APP 上专题的编审。与此同时，他们还负责同名专题社群的运营。如“贝小鱼”是翻译群的专题主编。虽然专题主编并非简书编辑，没有薪酬，但是他们的权力非常大，可以直接将社群成员的文章推至简书首页。

事实上，专题群主编的权力甚至大过简书内部的编辑：一位简书作者在APP向首页投稿，即使被官方编辑审核通过，也得在“新上榜”栏等候排队上首页，而经专题群主编推荐的文章无须排队即可直接上首页。

这种高度放权的激励制度，无论对专题群主编还是普通成员，都具有极大的调动作用。对专题群主编来说，能让其倾注心力去运营好自己的社群，对普通成员来说，这是除“首页投稿”外，一个能更加直接地让自己文章得到展示的途径。所以，在简书社群内，群成员非常活跃，UGC内容也极丰富。

专题群主编的权力远不止于此，他们还拥有一笔用于打赏作者的资金，以及推荐作者成为简书签约作者的权利。对于社群的运营工作，从群规的制定到社群的玩法，他们是全权负责、高度自主。

比如翻译群的每日翻译练习，写作健身群的每日打卡等，都是专题群主编结合本群特征而设计的一些线上活动。还有特别符合简书气质的征文活动，也是时不时举办一次，活动结束后，简书内容集结出版。

在意识到要做社群之前，简书可能只是一个APP，简书与用户、用户与用户间没有便捷的交流。在做社群之后，简书通过微信群等方式，将社区内原本存在的交流、归属等需求激发出来。以往，简书官方发布新版本、新功能、新活动时，只能针对所有用户推送，既不精准，传播效率也不高。有了社群后，这类信息可以第一时间触达社群成员，通过活跃用户的传播，既精准，又高效，还能从这批社群成员中及时收获反馈，协同改进产品和服务。与此同时，用户与用户间的交流也得到加强。很多聚集在专题下面的作者、读者间是有交流需求的，以往只能通过站内“简信”的方式实现。有了社群后，他们之间能够拥有更加紧密的联系，并且相互交流切磋，共同提升而又乐在其中。最近，简书联合商家做了几个比较成功的广告活动，社群发挥了很大威力。比如简书联合魅族做的“神转折”故事大赛，联合魔兽、小米做的征文大赛（评委都是专题群主编），都是首先在社群内引爆，继而向社群外传播。简书广泛使用的征文活动，也通过社群而更具精准度。比如，发起一次历史主题征文，现在可以直接在历史群里主推，稿件既丰富又质量高，不必像先前那样动用一切渠道推广，效果可能还不如小范围的历史群，因为历史群可能涵盖了简书大部分的核心历史达人。

作为一款 UGC 社区型产品，简书天生具有社群基因，在把 APP 上的这种社群关系平移到微信群之后，通过精心的组织运营，很容易产生爆发式效果。

简书社群之所以能在内部传播上做得如此成功，很大程度上归结于以下几点：① 专业人士，行业导师的存在。作为“简书—翻译”群的主编和运营者，“贝小鱼”是一名中英同声传译，持有含金量极高的 CATTI 1 级口译证书，北京举办奥运会期间，他曾担任场馆翻译，服务国家领导人。这在很大程度上会对那些爱好翻译的小伙伴形成极大的“个人崇拜”效应，从而保证了群员的活跃度。② 极致细分，真正做到“以类聚人”。作为一个 UGC 优质原创内容社区，简书从“发现文字的力量”，到“交流故事，沟通想法”，定位越来越清晰，内容的覆盖面也越来越大。③ 权力下放，引爆活力。高度放权的激励制度，对专题群主编来说，能让其倾注心力去运营好自己的社群，对普通成员来说，这是除“首页投稿”外，一个能更加直接地让自己文章得到展示的途径。所以，在简书社群内，群成员非常活跃，UGC 内容也极为丰富。

场景三　bilibili——最大的二次元社区

作为一个细分领域的视频网站，bilibili（以下称 B 站）的 DAU（日活越用户数量）已经超过了 2200 万人，弹幕总数超过 14 亿次。弹幕是大家公认的 B 站特色，虽然主流的视频网站都把弹幕作为基本功能加在产品上，但是只有在 B 站看弹幕才会有氛围，B 站是如何建立这种独特的弹幕文化的呢？

除此之外，B 站用户投稿的视频每天数以万计，在 B 站平台上有 90% 的视频是用户自制和原创的，所以说 UGC 是 B 站的一大特色。

B 站的用户因为兴趣的需求形成了一个个圈子，如科技圈、娱乐圈等。这些用户群本身形成了一个潮流文化的兴趣网，在 B 站已经有 7000 多种热门文化圈组成的文化社区，是中国最大的年轻人文化娱乐社区。

中国大部分的动漫爱好者和参与者都聚集在 B 站，B 站不仅是年轻人的潮流文化社区，也已经成为二次元现象级事件的发源地。有很多社会热点是由 B 站的用户原创的。比如：第一个事件是成龙的"duang"，2015 年 2 月 20 日在 B 站上发源，2 月 28 日达到高峰。第二个事件是雷总的"Are you OK"，在 B 站上有"500 万 +"的播放量，"10 万 +"条弹幕。第三个事件是《太子妃升职记》。《太子妃升职记》2015 年 12 月 29 日在 B 站发布之后，用户不断用这个剧创造新的剧情，整体的播放量超过了 5000 万次，迅速让太子妃火遍全网。除此之外，还有像金馆长、普通 Disco、容嬷嬷、雪姨等，这些网络热词都起源于 B 站。

B 站的产品定位是具有文化属性的视频 UGC 社区，B 站有三大特点：第一是庞大并且活跃的 UP 主生态圈；第二是高度活跃的用户互动行为，每个正式会员平均发弹幕数是 247 个；第三是 UGC 的内容占主导的地位，占比高达90%。

现在的主流视频网站主要是以搬运工的角色存在，几乎不是创作内容的平台。而B站无论是从产品设计上还是运营上，都比较注重鼓励用户去创造内容，因为要将创作的内容上传到网站，所以B站的这些用户被叫作UP主。

B站董事长陈睿曾经说，“B站并非创造内容的团体，而是为创造内容的人提供服务和平台。在UP主和用户之间建立连接，让喜爱个性化、多元化文化的人，把B站当成他们的乐园”。这句话也是B站整个运营所贯穿的宗旨。

从B站的产品架构可以看到，UP主发布内容，这些内容可以是番剧、鬼畜、动画等，通过内容吸引用户来浏览，被吸引的用户通过发布弹幕和评论以及投币、分享、收藏甚至是承包等行为，再返回给UP主，UP主受到激励，然后继续创作。

与此同时，用户也会因为看到的内容产生创作的欲望，对内容进行二次创作，这部分用户转而会成为UP主，形成创作层面的一个圈子，甚至形成一种流行于B站的文化现象。比如说，成龙的“duang”，雷总的“Are you OK”，因为大批UP主共同创作的氛围，使得B站产生了比较大的凝聚力。

作为平台，B站主要做的就是对UP主—内容—用户这个循环形成的氛围进行维护和打造。这三者之间最为关键的角色就是UP主，它不仅决定了内容的质量和数量，也影响着用户的活跃和拉新。通过在产品设计和业务逻辑上加强对UP主的保护，也可以吸引更多相同兴趣爱好的UP主入驻。

在早期产品冷启动的时候，B站的产品切入点是什么呢？

答案是内容生产工具，也就是最基础的投稿、弹幕、评论和播放功能。B站创始人徐逸是动漫爱好者，之前也是A站（AcFun弹幕视频网）的核心用户。因为当时A站无法提供稳定的视频服务，并且反馈意见也得不到解决，徐逸就在 2009 年参考 niconico 编写了 B 站的前身。他主要想提供一个稳定的弹幕视频分享网站，当时尽管只有内容生产和内容输出，但是他抓住了用户的痛点——稳定性，所以借助更加稳定的特点，niconico 粉丝也就逐步地壮大，2010 年改名为 bilibili。bilibili 在日语中是放电的中文音译，引申为对动漫爱好者的放电，吸引大家一起来分享弹幕视频。改名之后的 B 站，在第一年产品上主要做了以下改善：① 关于弹幕，实现了完全即时地弹幕聊天，同时，给 UP 主提供了一个简易的投稿入口；② 内容输出上，对网站进行改版，增加了虚拟形象，对播放器进行持续优化；③ 生态建设上，建立了 UP 主弹幕管理系统、排行榜、投稿限制、黑名单。

结合之前提到的产品架构来看，这些功能迭代第一是围绕着 UP 主的投稿和刺激 UP 主产生更多内容的弹幕反馈来不断优化。第二是围绕着用户体验、内容展示，提高内容的命中率。第三是社区氛围的维护和打造，建立一个规范的社区规则来保护 UP 主。

B 站建站初期是如何获取这些 UP 主呢？也就是说，在产品冷启动时期是如何获取这些目标用户呢？

首先，我们要找的关键人是动画创作者和“骨灰级”的 ACGN（Animation、Comic、Game、Novel）爱好者，获取到这部分用户就需要在他们的聚集地，也就是当时的 A 站去做宣传，并且邀请搬运工，还有 UP 主来使用产品。这里可以提一下，B 站在冷启动时期获取用户的一些故事。

因为 B 站创始人徐逸在 A 站是早期的会员，跟当初 A 站的一些核心会员关系都不错，其中最核心的就是搬运酒客，搬运酒客是 A 站早期核心会员，UP 主的聚集地，群主是投影。当时的 A 站是一个个人网站，站长没有时间去管理，氛围也不太好，服务器不稳定，用户反馈不及时处理，稿件不及时审核。

这时，搬运酒客的投影和当时 A 站的站长，因为审核产生了很大的矛盾。徐逸当时在做 B 站的冷启动宣传，所以，投影和搬运酒客的一批 UP 主就来到了 B 站。B 站的用户体验，包括社区的氛围比 A 站更好，所以这批 UP 主就留在 B 站，B 站的人气也就越来越高。

在获取用户上，除了在 A 站宣传，B 站也在前期推广时借助了 ACGN 圈文化的力量。这些二次元的用户非常喜欢在贴吧和微博，以及各大 ACGN 论坛上去分享视频的链接，通过分享链接，进一步帮助 B 站做宣传。很多“技术宅”被 B 站的功能和氛围吸引后，利用 B 站发布他们的 MAD（多媒体作品），从而成为 B 站上有名的 UP 主，并且有了自己的粉丝。

在产品冷启动时期，除了获取目标用户，B 站还建立了用户筛选机制，主要是为了搭建社区的良好氛围。前期 B 站的用户注册机制是邀请制和不定期的开放注册两种形式，后面逐步开放，现在则是通过会员考试制，通过后可以成为正式的用户。

运营上 B 站是如何刺激 UP 主产生更多优质内容的?

首先就是著名的二次元春晚活动。在 2010 年刚改名为 B 站的时候，就组织了当时比较知名的 UP 主，大概有 40 多位，制作了一个春节的拜年视频。这个活动让 B 站获得了一些知名度，并且更多的 ACGN 爱好者也聚拢了过来。除此之外，B 站在各个分区也举办了一系列活动。比如，2010 年 7 月举办的鬼畜区大会，bilibili 夏夜鬼畜大赏，动画区设的 MMD 大赛等。

值得一提的是 B 站举办的线下活动，从 2013 年起，每年都举办至少一场演唱会。2016 年，2 万人的场地，门票 20 小时内就售罄了，被称为是中国规模最大、档次最高的二次元文化聚会。

B 站所举办的这些线上线下活动，一方面，通过大赛，促进 UP 主产生更多的优质内容，另一方面，提供了用户与 UP 主之间互动的机会。

B 站的价值观：我即用户，心有所爱，保持单纯，勇担责任。

从 B 站内容传播的运营来看，其主要做了以下方面的工作：搭建了 UP 主和内容消费者的连接；有效抓住了用户痛点，做好产品的冷启动；获取了第一批精准 UP 主用户；建立了科学有效的用户筛选机制。B 站之所以能够形成良好的内部传播氛围，取决于基因和机制两个方面。从基因上讲，弹幕文化与二次元文化中的一些典故、桥段都有比较深、比较复杂的联系。在发弹幕的时候，把二次元文化现有的资源与当前的视频联系起来，发出比较好玩的弹幕。所以，二次元文化和二次元宅的存在使弹幕文化成为一个重要的元素。主流网站虽然引进了弹幕的功能，但是想要形成这样一套类似的文化机制还是需要时间积累的。所以，弹幕的精髓不在功能，而是在内容和在发弹幕的人身上。从机制上来讲，有两个原因促使 B 站形成了良好的弹幕氛围。第一是用户的筛选。在成为 B 站的正式会员考试中，有一项叫弹幕礼仪考试，这一项必须满分通过才有资格进行下一步；第二是弹幕的审核。B 站建立了一系列系统的审核机制，比如刷屏、剧透、广告攻击他人等都属于恶意弹幕，一经发现立即删除。

4.2 社群外传播

场景 江小白就是我，我就是江小白！

2016 年 4 月，一部充满重庆味道的电影《火锅英雄》火了，同时火起来的，还有一款重庆地道小酒“江小白”。

在《火锅英雄》的主要场景“老同学洞子火锅”里，店面的墙壁、冰箱上都贴着江小白的宣传海报，陈坤、喻恩泰、白百何等几位演员吃火锅的镜头，也都必然出现江小白酒瓶。

除了电影广告植入，江小白还在多地开展“看《火锅英雄》，送江小白”的线下活动，同时在线上的微博、微信平台开发了电影周边小游戏，并联合当地自媒体“大 V”进行话题宣传和造势。例如，重庆当地颇有影响力的“吃在重庆”等多个微博“大 V”，发布了“#火锅英雄#没有一顿火锅解决不了的事情，有的话就来几瓶江小白”的微博，同时配上剧照，为江小白的推广添砖加瓦。许多网友在下边回复，“刚看完电影，走出电影院就没忍住，来一份火锅配江小白”“火锅配酒，天长地久”。

与许多白酒走高端商务路线不同，江小白定位在做一款针对 80 后、90 后，倡导青春生活方式的年轻化白酒。因此，除了《火锅英雄》，江小白又相继植入在《小离别》《好先生》《从你的全世界路过》等大热的青春都市影视剧中。

江小白的品牌形象是一个大众脸、戴着黑框眼镜的文艺小哥，他时尚，善于卖萌、自嘲，同时又有颗文艺的心，也有着所有年轻人都容易感受的孤独和迷茫。"人人都是江小白"，这个卡通形象被江小白的粉丝亲切地称为"小白哥"，大家都能在他身上找到跟自己的相似点。

小白哥有一句名言："我是江小白，生活很简单。"从包装的新颖简易，到口感的清新单纯，江小白无一不在传达一种纯粹的生活态度，这也正契合着当下青年人简单、直接，反对庸俗势力、不矫揉造作的个性。

如今，江小白已经在全国范围内拥有数千万重复购买的铁杆粉丝。在白酒行业遭遇寒冬、年轻人热爱洋酒的大环境下，江小白依旧能够实现年营业额 100% 以上的增长，或许更多是因为其所传达的品牌价值观，牢牢地抓住了这批不断追求真实自我、感性细腻的年轻人的内心，使消费者产生强烈的归属感。

江小白的创始人陶石泉，曾在白酒行业十余年，创业前曾任金六福集团公关总监。随着高端白酒受到打压，白酒行业黄金十年成为过去，陶石泉深知若想突破，必须实现产品的个性化和差异化。

同时，他关注到一个针对 25 ~ 30 岁年轻人对白酒态度的调查，调查显示，有 95% 年轻人在饮酒时不会选择白酒，因为他们认为：白酒口味太冲，不适合自己；场合有限，觉得太过正式；度数高，容易醉酒；给人感觉不够时尚。

陶石泉隐隐约约意识到，将白酒品牌年轻化和时尚化，充分挖掘年轻市场将是个值得尝试的方向。2010 年，陶石泉从金六福离职，开始着手筹备自己的白酒品牌。2011 年年底，江小白品牌创立，2012 年年初，江小白产品上线。

作为一个全新的白酒品牌，没有雄厚的资产，也没有其他白酒品牌爱打的文化牌，江小白似乎在品牌宣传上有些捉襟见肘。但这两年正值微博、微信等社交软件迅速发展时期，陶石泉看到了品牌传播或许将会引来一场革命。于是，他决定从线上渠道切入，通过新媒体和社群将品牌引爆，再把线下的销量做起来。

从被质疑到销量过亿，并被大型酒企模仿，江小白仍将坚持独特的品牌推广方式，精耕细分市场，“做好这瓶青春小酒的白日梦”。

如今，除去地铁广告，江小白几乎没有其他任何传统的媒体广告和营销方式。他们利用免费的社交媒体，用极强的互动去盘活粉丝群体，走出了一条充满活力的社群营销之路。

除了“我是江小白，生活很简单”这句话，“小白哥”还有许多“经典语录”深受粉丝追捧。例如“每个吃货，都有一个勤奋的胃和一张劳模的嘴。”“吃着火锅唱着歌，喝着小白划着拳，我是文艺小青年。”“我把所有人都喝趴下，就为和你说句悄悄话。”“兄弟间的聚会，无关应酬和勾兑。”

应对“小白哥”的漫画形象，江小白的微博运营也完全拟人化，不仅对热点事件发声，而且还会表达一些个人情感，勾起用户互动。

例如，江小白在做地铁广告时，也跟微博做了一个连接互动，文案写道：“亲爱的@小娜：成都的冬天到了，你在北京会冷吗？今天喝酒了，我很想你，一起喝酒的兄弟告诉我，喝酒后第一个想到的人是自己的最爱，这叫酒后吐真言吗？已经吐了，收不回来了。”

这些文案，都能够让目标用户透过文字看到画面，想起自己的过往，勾起内心深处的某种情感共鸣，甚至自发进行二次传播。

在用个性的文案向用户传达价值观后，江小白也开发了一系列线上活动，让用户参与表达品牌价值观，进行价值输出。

例如，江小白展开的“我有一瓶酒，有话对你说”活动，在江小白瓶身上放二维码，鼓励用户扫码进入线上平台，输入自己对任何人最想说的一句话并进行分享，让用户释放情绪。同时，江小白还将选出其中的优秀作品，作为江小白的产品进行生产。

目前，江小白每个季度都会举行同城约酒大会，参与活动的网友都以兴趣爱好或行业联盟为单位组织“帮派”，这些“帮派”最初在微信群进行线上交流，再通过江小白约酒大会的面对面强社交体验，最终回到线上成为一个高黏度社群。

而江小白通过约酒大会，聚集一大批社群资源，进行资源互惠，并用极少的成本使品牌在社群内得到最大限度的传播。

此外，在 2016 年 10 月，江小白举办了第一届“江小白有路现场原创嘻哈音乐节四城巡演”，“有路”的英文为 YOLO，是 You Only Live Once 的首字母缩略词，寓意是不要怕冒险，你只能活一次。在这次活动上，江小白推出了 YOLO 清淡型高粱酒。

热爱嘻哈及摇滚的文艺青年陶石泉，希望通过嘻哈音乐，建立小众群体与江小白的连接，拓宽其所传达的青春内涵，如其宣传语“自己有路，我有态度”一样，青春不仅可以简单直接，更可以大声说“不”，走出自己特立独行的路。

在江小白团队看来，做社群营销是顺势而为，因为社群是一种能够极大降低人力成本，并快速整合社会资源的有效方式，传统企业如果读懂社群经济，将很容易做出突破。如今，江小白确实用自己独特的社群营销，改变了许多人对白酒古板、正式、沉闷的看法。提起江小白这种白酒，大家联想到的不是让人端着的商务宴请，而是一种畅快鲜活的青年生活方式。

做好社群，离不开核心价值观的建立和用户的高参与度，江小白通过趣味表达、青年态度和多样活动所建立起来的品牌人格和特定人群的参与感，最终通过社群内高黏度用户的裂变，推动社群外传播，是值得我们借鉴和思考的。

第五章

社群媒体的运营

前面讲过，社群就是有共同属性（如爱好、地域）的人群集合。社群媒体运营就是通过运营手段，集合并活跃这些群体，使他们与产品有持续、多频的联系。而通过运营社群，可以解决运营覆盖用户量小、拓展空间狭窄的特点；解决运营人力、时间、能力有限的问题；解决官方的社群活跃度低的问题；调整运营对用户需求把握不到位的问题。

在做好社群运营之前，一定要充分理解并且掌握社群的本质。众所周知，互联网的本质就是建立连接，做到信息对称。以日常生活举例，滴滴出行连接了司机与乘客，把司机的信息和乘客的信息匹配起来。虽然看不到实际的司机和车辆，但是乘客能知道他们的存在，这就是信息对称。互联网的所有产品都逃不开这个规律，本质都是在做连接。

回到社群的本质，社群其实是在互联网的基础上所做的进一步连接，它连接人与信息、人与人、人与商品，通过建立成员之间的信任来降低广告成本、搜索成本和交换成本。在接下来的篇幅中，笔者将从社群类型、运营平台的选择等几个方面进行详细介绍。

5.1　社群的主要类型

互联网时代的社群，是由一个个感性的社会人，基于不同的动机、需求，自主创建或自发形成的群体。不同的社群，具有不同的定位和性质。在我们身边，主要的社群类型有以下几种：

1. 产品型社群

优秀的产品能直接带来可观的用户，而产品的本质即连接的中介，人因产品而聚合成为社群。如黄太吉煎饼、雕爷牛腩。

2. 兴趣型社群

顾名思义，就是基于兴趣创建的社群。人们通过网络很容易找到志同道合、志趣相投的伙伴，从而很便捷地建立各种基于兴趣的社群。如科技创业类社群：36 氪；美食分享类社群：大众点评；时尚消费类社群：美丽说。

3. 品牌型社群

品牌型社群是产品型社群的一种延伸。当产品型社群发展到后期，消费者群体将对产品所归属的品牌产生信任和情感关系，热衷于追逐品牌旗下的产品，并对品牌文化产生很强的认同感，于是品牌型社群开始形成。如哈雷车友会、StarTree、星巴克社群。

4. 知识型社群

从本质上说，知识型社群是兴趣型社群的一种，是出于学习兴趣，为了获取和分享知识而集合的互联网社群。尽管知识型社群的核心价值是提高成员的技能水平或知识素养，但是每个社群在具体定位、人员构成和组织运营中又有各自的特色。根据不同形态，知识型社群分为以下几类：

（1）自我成长类——坚持学习，持续成长

自我成长类社群满足的是个人在快速发展的社会中对提高知识素养的需求，通过社群的力量来增加学习积极性，往往从某项具体的技能入手组建而成，比如李笑来社群的共同写作、行动派社群的协作创新、秋叶社群的 PPT 制作、ScalersTalk 社群的英语学习等。

这类社群强调学习过程比学习成果更重要，注重习惯的养成，让大家在学习中发现不一样的自我。社群成员间的协同和互动较强，可以为了目标一起行动。比如，BetterMe 社群围绕“一个人走得快，一群人走得远”的理念，通过连续打卡升级的方式，让成员在小组内互相陪伴和监督，促使成员变成更好的自己。写作社群把写作当作一次心灵禅修，让大家在写作中认识不一样的自我。

为了让成员切实获得提高，这类社群往往有着系统的运营程序，设有严厉的群规，相当于一个虚拟的课堂。社群的主要作用不是传授知识，而是组织和监督。比如，学计算机的 Scalers，组建的社群是英语口译学习，就是规则下的互助自学。

（2）读书求知类——以书会友，有书共读

在信息碎片化时代，读书成为一件奢侈的事情，而读书类社群便是以推荐书籍和知识导读为核心，帮助大家提高效率，节省知识获取成本。这类社群往往与自媒体挂钩，本质上是内容创业。比如十点读书以公众号为载体，有书共读和樊登读书会以 APP 为载体，对书本知识进行整合，利用音、视频等多媒体传播来获取流量。

这类社群在组织上往往比较松散，多是以书籍为媒介的虚连接，社群不具有封闭性，只要爱书的人都可以加入。大家在社群平台上分享读书心得，拆解书本内容，并结交志同道合的书友。比如在有书共读 APP 上，个人可以加入共读计划、发现好书、进行话题讨论等。

线下读书沙龙是此类社群最主要的活动形式，社群在各个城市都建有分会，不定期地邀请社群自身的 IP 人物或作家进行主题分享，营造社群氛围，如吴晓波书友会和樊登读书会，都分裂为大量的自组织。这些活动和线上的知识相结合，有助于社群品牌的树立和推广，并成为社群商业变现的基础。

（3）女性生活类——大胆爱美，共同提升

女性不仅是财富的创造者和消费者，还很重视个人的成长，她们是学习型社群中一道独特的风景线。女性生活类社群多以城市独立女性和中产阶级群体为主，本身经济基础比较好，有能力投入到对自我的提升上，并且能从社群中获得更好的认同感和归属感。

女性社群的学习内容不局限于单纯知识的获取，而是包括生活方式的培养，比如，趁早社群的跑步健身、荔枝汇的美容沙龙和下午茶、面包公社的烘焙等。成员们通过参加社群来互相影响，提高生活品位，追求人生态度的改变和精神修养的提高。

这类女性生活社群的价值观往往都很有感染力，再加上丰富的社群活动，成员们的黏性很强。比如“灵魂有香气的女子”的口号是“成长比成功更重要”，其组建的香蜜会社群在全国40多个城市裂变，有1.2万名会员。私席社群的口号是“只关注美丽和美好”，提倡大家在平淡的生活中寻找发光的事，很容易形成对灵魂的触动。

（4）创业服务类——分享干货，创新思维

随着大众创业潮的兴起，专门面对创业者的学习型社群也应运而生，主要以讲述互联网领域知识、分享创业实践干货和拓展创新思维为主要学习内容，通过在线课程分享和线下自组织学习相结合，帮助创业者提高认知，并掌握技能。同时，他们还将学习过程与投融资、人脉和资源对接等活动结合起来。

这类社群以李善友的混沌研习社为标志，其定位就是要办一所全新的互联网大学，为创业公司培养具有互联网思维和全球化视野的创新人才。受李善友理念影响的投资人冯新，创办了碳9学社，侧重竞争性学习过程的训练，满足创业者的成长需求和深度社交需求。而从混沌研习社分裂出来的学霸十三妹社群，开设了专为创业者做知识服务的内容直播间，也在快速发展。

5.2 运营平台的选择

我们应该如何选择社群平台呢？不同的平台有不同的优点和缺点，选择社群运营平台时，应该根据自己所创建的社群的属性、目标群体、社群类型等来选择。

一、微博平台

2009 年，新浪微博正式诞生，经过多年的发展，如今已经成为国内人气最高的 SNS 平台。因为微博平台的公众社交化、媒体化特点，几乎所有的明星、企业、媒体等都进驻微博平台；同时，微博官方还会捕捉草根用户的动态，并推送至热门榜，因此“随时随地发现新鲜事”成为微博平台的口号。

微博平台汇集了大量明星、品牌与草根粉丝，因此，如果社群的活动众多，受众群辐射全国，微博显然是最佳平台。通过官方账号的活动发布、预告等，引导社群进一步转发和互动，甚至直接发起大规模活动，这是微博平台的突出优势。

微博平台的场景建设，主要侧重于粉丝、兴趣爱好，并且不被地域所限制。同时，微博用户还会不断创造 UGC 内容，非常有利于社群的分享传播，并呈裂变式效应。在特定兴趣和特质的关系群体中，通过信息交流互动，进行信息分享、价值互通和增值，给微博平台带来丰富的场景。

与社群用户进行互动，是微博平台的主要社群运营模式。除了基础转发，在微博平台需要做的工作还有很多，这些功能都必须灵活掌握，从而更好地服务于社群：

- 转发：发现网友有趣的话题，一键转发，吸引更多网友互动、给微博用户曝光的机会，尤其是品牌忠实粉丝的内容；
- 话题讨论：设定话题，鼓励用户进行讨论，如临近“十一”长假，发起“随手拍美景”的话题；
- 分享：每天发布与品牌相关的内容，如“×××品牌你不知道的小秘密”“轻松动手，让手机变行车记录仪”等，给社群粉丝带来惊喜；
- 有奖兑换：定期发布有奖活动，给予粉丝最惊喜的物质反馈，并借助参与者的@功能吸引新粉丝。

二、 微信平台

相比微博，微信显然更加私密化。微信公众平台所发布的内容，只有关注的粉丝才能直接看到。

那么，怎样的社群运营，最适合微信平台？

1. 圈子类

微博主打“半熟社交”，彼此好友不一定现实中认识；微信不同，好友绝大多数相熟，甚至为身边的好友。因此，圈子类社群最为合适，例如，服务于广告人的大数据统计软件、服务于教师群体的课程分享等。一旦社群粉丝在朋友圈分享，圈子里的人就会第一时间看到，并选择阅读、关注，成为粉丝。

2. 产品类

相比微博平台，微信平台的产品类社群更加侧重于深度解析，活动为辅。尤其是对于较为丰富、更新较快的品牌产品来说，深度测评、解析类文章非常适合微信平台。微博侧重分享、交流与互动，而微信侧重评测、解析，形成格调清晰的社群模式，并创造出主题直接、风格迥异的场景模式。

3. 内容类

移动互联网的蓬勃发展，促成一个新名词的诞生——自媒体。独立挖掘选题，独立编辑，挖掘更深层次、主流媒体不易发现的内容，这是自媒体的主要特征。自媒体主打“内容为王”，因此微信平台就成为非常好的传播渠道。

除了这三类社群，其他诸如餐饮类、服务类社群，同样适合于微信平台。如黄太吉煎饼、雕爷牛腩，都依靠微信平台打造出让人过目不忘的社群场景与社群文化。趣味性、情感属性等微信平台带来的不只是产品，更是背后所承载的感情要素。当社群用户置身于这样的场景之中，被内容所打动，就会愿意主动分享，大大激发社群活跃度，甚至进行商业变现，为销售带来直接的提升。

三、 QQ 平台

作为中国互联网的老牌通信类软件，QQ 平台是不容忽视的社群运营平台。尽管微博、微信的出现，给 QQ 带来了不小的冲击，但 QQ 依旧凭借着巨大的用户基数、丰富的功能、跨平台操作的优势，占据通信社交类软件的龙头地位。

QQ 平台的最大优势在于：既可以点对点聊天（好友之间），也可以点对多聊天（QQ 群），签到、群论坛、公告、相册、群直播等功能一应俱全，几乎能够满足所有场景的建设，大大超越微信的场景设置；同时，QQ 作为即时通信软件，比微博更具有效率，非常适合话题讨论等，活跃度高。

所以，尽管越来越多的通信类、社交类软件如雨后春笋般诞生，但社群的主要战场，依旧在 QQ，尤其是 QQ 群。几乎所有类型的社群，都能借助 QQ 群的力量运营。高频次接触、不断丰富的功能设置，为 QQ 带来各种新的体验和风格，成为 QQ 平台社群时代的“核心战场”。

1. 培训类社群

群视频可以轻松满足视频授课的目的；同时，最新上线的“作业”功能，可以让讲师第一时间针对学员布置作业。

2. 分享类社群

群文件提供的空间，可以让成员将内容迅速上传并分享。

3. 知识类社群

群论坛、群相册、兴趣部落可以在及时讨论的基础上，做进一步长期深层次讨论。

4. 娱乐消费类型社群

群支付、AA 收款等功能，可以轻松实现收费、变现。

5. 垂直类社群

投票可以轻松确认线上/线下活动主题。

6. 地域类社群

通过群活动的快速设置，可迅速开展成功的线下见面交流会。

7. 强兴趣类社群

进群后需要遵守哪些规则、什么时候有专属活动，可以通过群公告第一时间通知所有人。

即便刚刚建立不久的社群，也可以通过“分享群”功能将社群分享给更多的好友；已经发展壮大的社群，通过签到、活跃等级、快捷群名片修改、管理员权限设置等功能，可以进一步促进社群形成“金字塔结构”，让社群的生态体系更加完善。

由此可见，地域类、垂直类、强兴趣类，乃至知识类、培训类社群，都可以借助 QQ 平台实现场景化社群运营的目的。而腾讯公司显然也看到了这一点，在社群时代对 QQ 进行全新的升级与改造，更加彰显其社群属性。

所以，无论我们运营的社群属于哪一种类型，QQ 平台绝对不可以忽视。甚至对于不少初创社群来说，QQ 平台应当成为社群运营的主战场——强劲功能所带来的丰富场景，是其他任何平台都不可比拟的。如果能深度挖掘 QQ 平台的功能和场景，社群的运营将事半功倍。

四、 百度平台

作为BAT（百度、阿里巴巴、腾讯）三巨头之一的百度，旗下拥有诸多平台，如百度贴吧、百度知道、百度经验等，同样可以实现社群运营的目的。

百度贴吧是百度最具有社群基因的产品。近年来，几乎所有的网络热词都在百度贴吧诞生。百度贴吧的特点在于：以兴趣为中心，不断组建出各种兴趣小组，为各种兴趣爱好者的聚集提供了一个最便捷的方式，涵盖社群、地区、生活、教育、娱乐、明星、游戏、体育、企业等方面。百度贴吧的风格非常简洁，论坛版块不多，可以让每个话题被所有用户看到，受众群更广。

截止到2016年，百度贴吧注册用户个数达到15亿人，主题总数35亿个，贴吧数量820万个，这样的数字是腾讯QQ难以望其项背的，影响力可见一斑。

百度贴吧的社群发展壮大与否，与吧主及整个吧务团队有着直接的关系，即社群小秘书、社群意见领袖、社群活跃分子等。所以，依托于百度贴吧建立的社群，品牌必须提升活动力度、吧务管理力度等，让整个贴吧始终处于高频次的活跃状态。

百度平台还有一个优势：基于百度搜索的“特权”，相关内容具有极高的搜索排名，优化搜索相关关键词时，都会在首页出现。因此，在百度平台进行社群建设时，就应当灵活运营百度旗下的各类产品，大大提升社群、品牌的曝光度。

五、 APP 平台

微博、QQ、百度属于跨平台类互联网公司，它们诞生于移动互联网出现之前，在 PC 端与移动端分别布局，操作、编辑、发布页在 PC 端完成，并非纯粹的移动互联网平台。对于部分专注于移动端的社群而言，跨平台操作无疑费时费力，此时不妨选择 APP 平台入手，同样可以取得很好的社群运营效果。

1. 知识类社群

知识类社群的重点在于精准化：精准于某个知识细分点，不断深度提问、解答，让所有人都可以围绕某个核心点不断进行知识分享。而在这个社群中，一定要有一名“知识达人”成为社群意见领袖。知乎无疑是最典型的知识类社群。尽管知乎同样拥有 PC 端，但相比较界面设置、操作便捷等，无疑 APP 更为成熟。

对于品牌而言，如何借助知识类 APP 平台创建社群？毫无疑问，培养出自己的意见领袖，集中于某个领域对网民的提问进行回答。一旦意见领袖（最好为多个）在平台具有一定的影响力，就会培养自己的粉丝，并逐渐在互动中形成社群组织。

2. 兴趣类社群

兴趣的定义很广泛，既可以是某种产品，比如文玩、创意作品，也可以是某种爱好，如吉他、古筝等。对于这类社群，最适合的 APP 就是直播类，比如斗鱼、熊猫等。

无论文玩制作、吉他交流，都可以借助视频直播的模式，与网友建立密切关系。如果你的兴趣和技能得到网友的一致认同，你的解答非常专业，很快就可以发展自己的社群，然后通过产品的销售、一对一辅导等渠道，实现社群的商业变现。

未来对于个人而言，借助视频直播创造、发展社群是重点方向，甚至一个全新的名字已经诞生——网红经济。

依托社群的力量让自己成为网红，这对于草根群体而言，无疑是全新的创业机遇。

3. 活动类社群

活动类社群，主要集中于陌陌等 APP，其主打的“附近活动”为社群亮点，可以不断吸引周边的网友加入。不过，对于活动类社群而言，单纯的 APP 优势不能完全满足需求，如公告发布、活动展示等，应当配合 QQ 群进行社群的建设。同时，作为移动端使用最广泛的社交 APP，微信显然更加成熟。因此，主打线下活动的社群，不妨多借助“微信群 + 公众平台”的模式进行——微信群组织活动、与社群成员互动，公众平台则发布活动信息、进行活动展示等，这样才能让活动的氛围更加突出，效果更加明显。

六、 专业化社群管理平台——群幂

群幂是一个专门为社群主打造的专业化社群管理平台，其口号为“让志同道合者相遇在群幂”。群幂可满足社群运营的多种场景的需求，提供直播分享、活动发布及报名、成员提交作业等玩法，群成员在微信端即可参加社群活动，并将用户行为数据沉淀，帮助社群主了解用户。

其中，多种场景需求模块涵盖音视频直播、线下活动、话题讨论、线上作业等，各种功能应有尽有，可满足多种场景的需求；社群轻松管理是指成员信息快速收集并导出，设置管理员协同管理，独特的激励体系帮助社群主牢牢抓住用户；在群幂平台，通过自动同步用户活跃信息和社群数据化图表处理，从而使得社群状况一目了然，更好地沉淀用户数据；通过各种案例分享和主题训练营研讨，丰富社群变现方式。

在激活社群活力方面，群幂在其社群管理平台主要开展了以下工作：

- 话题讨论，平台特有活动功能，相对微信群的优势在于：即时场景话题的交流空间，群成员凭自愿参加，同时话题结束后内容会独立保存，并与直播活动成员一样可以进行打赏。
- 音频直播，以长语音形式满足绝大多数社群主对直播的需求，拥有直播分享、详情介绍、PPT 课件上传、观众打赏、献花等互动功能，结束后可永久沉淀。
- 视频直播，拥有除课件 PPT 外音频直播所拥有的一切功能，视频直播全屏显示，大大加强了与群成员之间的交互空间。
- 线下活动，作为社群中必不可少的活动之一，群幂线下活动除常规报名流程外，还增加了签到二维码功能，参与者现场即可扫描该二维码实时报道，省去人工成本。
- 线上作业，此任务可帮助群主收集群成员参加活动所必需的信息，支持提交图片和文字两种形式。

在激励体系强效留存方面，群幂设置了积分激励体系，以帮助社群主提高用户黏性，在发布每一个活动的时候都可以设置一个积分值，成员在参与完成此活动后，即可获得相应积分，活跃度、贡献度一目了然，更加方便社群主后期运营。

截止到2016年12月，群幂已成功举办4期“群幂社群头脑风暴特训营”，主题分别为《如何从0到1构建你的社群》《如何打造一个高活跃社群》《自媒体对社群运营的重要性》《如何拓展社群流量地》。每期训练营都邀请大咖社群主进行经验分享，按“指定话题分享”“实践案例分享”“各组作业展示”等模块展开。

5.3 社群媒体运营的三大要素

社群运营的三大要素：内容、交互和关系链。徐志斌的《社交红利》一书中提出“信息 × 关系链 × 互动 = 社交红利”，也就是说“庞大的用户群从社交网络中点击访问、下载、注册到外界网站或应用中去，这一系列的结果都发源于用户分享、发布信息这么一个小小的动作。更多用户以自然的状态将信息分享在社交网络中，引发自然、真实的互动，引起了自己好友的点击、购买、阅读的兴趣”，而社群恰恰是这个公式的极佳体现。

一、 内容是核心

前面已经提到过，社群连接人与信息，信息中就包含了很多内容。这里的内容不仅是指学习型社群中提供的知识，还包含围绕社群定位所打造的一些有价值的信息。以天马帮为例，每天早晨会有一则“天马晨报”，包含互联网的资讯和评论；每周一、三、五有名师直播课程，定期还有专家答疑。这些内容都是围绕“互联网＋”展开的，面对的成员都是想实现转型的传统企业家。

再以群幂为例，每周四群幂有一个定期的社群主题内容分享，大家可以在群里探讨交流。如果群幂没有这个核心课程，群里只是闲聊和发广告，大家就不会长期待下去。

所以，任何社群在本质上都是学习型社群，这是一个重要的前提。大家先通过学习获取价值，成员之间建立信任关系，之后才会产生资源对接和商品交易。

二、 交互是关键

交互体现的是人与人的连接，是社群运营的关键。如果在一个社群里，成员只与群主这个核心交流，而彼此不发生连接，这个社群是不成功的。好的社群连接一定是一个网状结构，每个成员都是中心，可以与所有人交流。

一个社群发展到一定阶段，一定会形成 O2O 形式，包括线上互动和线下活动。比如群幂，大家在线上建立了信任关系之后，会自主地发起线下沙龙、线下聚会等。天马帮也曾组织会员去京东、天猫、苏宁等参观，每年还举办两次互联网大会以及天马帮年会等，这都是线下活动的形式。

后期，这种交互还体现在以地域或兴趣为单位进行社群裂变。天马帮就在各地形成了自己的分会，这些分会可以组织区域内的成员进一步学习和交流。

三、 关系链是生态的前提

一个成功的社群最终都会构成一个生态。提到“生态”这个名词，最具代表性的是小米和乐视，它们做的是基于产品的企业型生态。而社群的生态链是一种关系型生态，包含生产商、渠道商、零售商、服务商、消费者等上下游的各个节点，它们可以在社群里快速地建立合作关系。比如黑马会中的创业者与创业者之间、创业者与投资者之间所构建起的关系链。

以上就是社群的三要素，第一个要素是内容，这是核心，大家在建立社群的时候，一定要考虑能否持续提供有价值的内容。一个好的社群一定是一个强大的自媒体，也就是有强大的内容提供。第二个要素是交互，这是关键。第三个要素是关系链，这是生态的前提。

5.4 典型的社群媒体运营路径和逻辑

在所有的运营分支中，社区或社群的运营是比较独特的，因为它们的运营都需要同时考虑“关系”和“内容”，其生长和壮大也存在一套自己较为独特的逻辑。因为在线上用来承载社区或社群的产品形态，要么是如论坛/问答式的社区产品，要么是如微信、QQ 等通信应用中的群组，为了便于理解，在接下来的篇幅中，笔者以模拟自己创建一个简单的社区或群组为例来说明。

一个社区/社群从无到有再到成熟，其成长路径里有以下几个关键节点：① 初始化；② 信任感与价值确立；③ 去中心化，社区成员之间关系网的构建；④ 社区的“自生长”。

一、 创建和初始化

对于一个社区/社群的初始化而言，最为重要的事情就是找到一个主题。

社区或社群是基于某个特定主题而存在的，而成员之间的交流和互动往往会围绕着这个主题展开。

对于社区/社群而言，一个好的主题要么可以带来某种特别的感觉（如有趣和共鸣），要么可以带来明确的价值认知，即让用户知道他在这里可以得到什么和应该怎么参与。

任何一个好的社区，一定都有某种普世的价值观，这种价值观普遍是利他性且能得到广泛认同的，最终会体现在一些规则上。例如，很多活跃数十年而不衰的网站论坛，都会通过规则要求用户认真回帖感谢他人。在初始阶段，社区的创建者和管理员必须以身作则地去普及和传递这样的价值观。

一般来讲，初始用户的获取，常见的是拉身边的熟人，或者基于社区的定位做一些精准渠道上的推广宣传。

二、 信任感与价值确立

这是几乎所有社区/社群运营者都需要去突破的一环。

在最初加入一个群组时，除非群主自身有极大影响力，否则，几乎所有用户在加入伊始的心态都是“先看看这里有什么再说”，能否打破这种观望心态，在社区/社群与用户间建立起信任感，让用户对社区/社群产生明确价值诉求和依赖，决定了这个社区/社群能否走向活跃。

信任感通常产生于社区提供了超出用户期待的服务和回报之时，例如，加入某个运营学习群的朋友们本来只是想看看，结果发现群主每天在群里发的各种干货真的让他们很受用，甚至有一天自己通过应用群主分享的干货成功完成某个小项目。

直白点讲，这一过程就是从“不确定在这里可以得到什么”到明确知道

“这里可以给我提供什么价值”的过程。这一步产生后，那些原本只是观望的用户，开始愿意在社区内产生更多行为，如发言提问和吐槽。

当然，任何事情都有正反两面，有了信任感和价值后，用户也会开始对社区有期望，正所谓爱之深恨之切，假设他们的期望持续得不到满足，这些用户可能会愤怒甚至倒戈。

三、社区的去中心化

截止到第二步，社区/社群的人际关系网络应该是一个高度以社区创办者、管理员或明星用户为中心的状态，这意味着较大的风险——社区的存活与发展，将取决于少数的几个人。一旦这几个人不堪重负，又或者是明星用户离开，社区很可能将毁于一旦，事实上，这样的场景在很多社区的发展史上曾反复出现过。

要解此结，需要去中心化，把一个高度中心化的网络变成一个几乎无中心化的网络。两者的区别，笔者通过以下两幅图来说明。

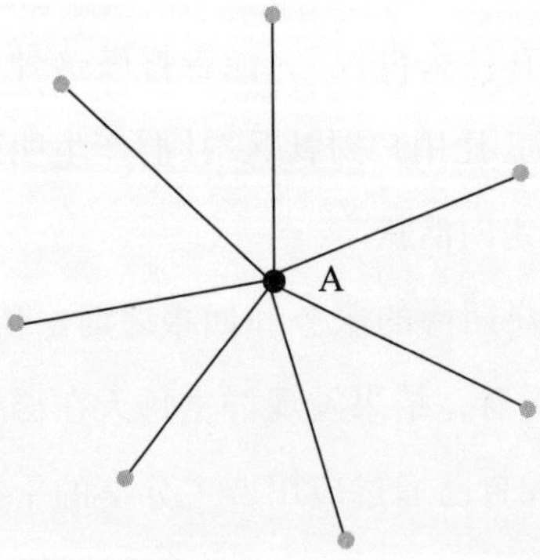

图 a

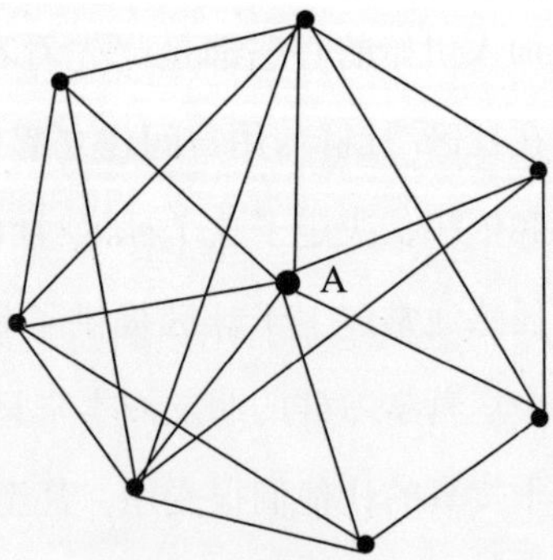

图 b

从以上两幅图中可以一目了然地看到，图 a 中的网络完全依赖于节点 A，如果节点 A 消失或崩溃，整个网络将会完全消失。而在图 b 中，A 即便仍然是一个重要的中心节点，但由于其他节点之间的联系已被充分建立起来，即便把节点 A 从网络中拿走，整个网络也仍然可以保持较高的紧密度，继续存在下去，甚至即便出现多个节点崩溃，这个网络也仍然存在。

基本上，这也就是社区要进行“去中心化”的原因所在。去中心化的常见套路有以下两种：

一是培养和发掘追随者。假设你的社区拥有一个能够被大家所认可的普世价值观，并且已经与用户群体间建立了信任感，通常这个时期会逐渐冒出来一些认可你价值观和理念的积极分子，他们对于社区存有较强的热情和投入感。你需要去观察、鼓励和发掘他们来帮你在社区中做很多事，甚至，过往本来是创建者们扮演的一些重要角色（如精神领袖、话题发起者等），需要大胆由这些追随者们来替代，当原本的一个中心变成多个中心时，社区的生命力和可持续性都会同时得到加强。

二是通过引导，帮助社区内的用户间建立起关系。社区的本质是由众多个体构成的一个信息关系网络，而 QQ 群、豆瓣小组、论坛等都只是这个网络的载体而已，就像上面的图 a 和图 b 所显示的，只有组织中的众多个体彼此间产生连接时，一个社区才能真正成型。如果你去观察，将会发现所有活跃的 QQ 群或微信里，用户间的关系都是多元化的，并且，这种关系会随着时间的推移沉淀到具体的产品形态中。而促成用户建立关系的方式，则主要有依靠讨论互动和共同行为两种。

四、 社区的“自生长”

当社区中的多元化关系链被建立后，一个社区就具备了“自生长”的能力，这时你会发现自己对社区已无法完全掌控，会有很多事件、话题和关系在社区内自然发生，这也是作为社区运营人员最希望看到社区内出现和发生的状态。

到了这个阶段，运营人员应该做的就是基于社区的共同价值观为社区的行为言论画出一条边界或者制定出某些游戏规则，在规则内，大家可以完全自由地讨论和互动。这时，社区基本已进入成熟状态，此后，考验运营的，是可以将社区的成熟和活跃状态维持多久，这里需要考虑的有以下几条：

（1）当大量 UGC 产生后，如何筛选出优质的内容进行二次传播和更精准的推送。

（2）如何梳理出一套基于 UGC 的内容框架和体系，帮助和引导那些零散产生的 UGC 内容可以更整体、更结构化，也更具有黏性。

（3）如何做好一些社区内的活动运营，甚至是把一些活动变为常规化、事件化。

（4）最后要考验运营的，就是如何拓展社区可以承载的话题，通过话题的延展来扩大自己的潜在用户数量。例如，知乎的发展是一个典型的例子，最早只聚焦于互联网创业话题的知乎，现在涵盖话题已经相当广泛。

相比起前三个阶段而言，社区成长的最后一个阶段对于运营人员而言相对会好一些，因为可玩的更多，也不像前三个阶段那样需要背负“不成功便成仁”的压力。

但需要正视的是，所有社区和产品一定都有自己的生命周期，这是不可改变的。人们使用社区的需求永远存在，但对于某种产品形态的热情却可能会是周期性的，并且也会随着互联网的发展产生很多新的使用习惯（如 Web 2.0 时代诞生了社会化问答网站），所以人们会看到很多不同类型的社区型产品在不断出现，甚至这种产品形态上的迭代还可能是循环的。

5.5 案例分享与总结

场景一 “面包公社”——烘焙女人最好命

在“面包公社”的公众号里，创始人 Kechao 写过一篇文章，记述她在一个雨天去街边的小店买葱油饼，虽然人比平常少很多，结果还是排了两个小时的队，买了五个。美食的诱惑和时间成本在内心不断拉扯，可爱而幽默的文笔道出了一个吃货的心思。在物质富足的时代，吃除了是生存所需，更代表着一种生活态度——这是“面包公社”成立的初衷，也是这个烘焙社群的核心价值观。

1. 看中烘焙趋势，适时成立美食社群

“面包公社”的创始人 Kechao 随性真诚，谈吐间有一种文艺青年似的纯净味道，但她其实是一位理科生。本科所学为生物专业，毕业后又到美国伊利诺伊大学读了微生物的博士，回国后进入通用电气公司的研发部门工作。之后跳槽到一家上市公司做了两年的投资并购工作。这期间，Kechao 意识到自己没有经过系统的商业培训，职业难有好的进展，便又辞职去斯坦福大学商学院读管理硕士。

2014 年，Kechao 回国，想要做一份自己喜爱的事情，因为有着跨领域的丰富工作经验，摆在面前的项目很多，取舍很是困难。这时候她发现，当初本科毕业出国时，看到美国家家都有烤箱，烘焙是再普通不过的美食加工方式，而中国家庭基本没有。数年后，电烤箱在中国的年销售量已达到 1000 万台，其中虽有不少商用，但也意味着烘焙食品已经受到人们的喜爱。

意识到烘焙行业是未来的一大趋势，她果断地选择，把其作为自己的事业方向。她在通用电气工作时的好朋友金燕，是当时的实验室经理，也认可她的想法，成为她的合伙人。最初，这个项目名叫“面包三点半”，相当于一个提供定时送服务的电商平台，也就是在下午三点半将顾客定的面包送到她们的办公室。为了测试需求，先在精品面包房里选了一批品质高的产品，但发现效果并不好。这种做法交易性质太重，而买小众产品的人，更注重的是社交，她们希望能看到做产品的人是什么样的，先认可人，才会去买东西。

认识到这一点后，团队便开始寻求改变，最终决定创建一个面向全职妈妈的社群，不但提供美食，更提供做美食的方法和交流生活感悟的环境，这便是如今在上海中产女性阶层中名气爆棚的“面包公社”。

2. 重品质和分享，精准服务全职妈妈群体

在北上广深等一线城市中，有这样一群高素质的女性，她们受过良好的教育，基本都是本科以上学历，毕业后去大型公司上班，有很好的职业背景，但结婚生子后，为了让小孩有健康的成长环境，不得不回归家庭。Kechao 本身就是两个孩子的妈妈，她发现很多人和自己一样，一旦离开职场，生活轨迹就有了很大改变，成为一条单行道，很难再成功回去。这样一来，她们的知识和技能就被闲置了。

“面包公社”的理想就是把这群妈妈的技能再次激活，给她们提供超越家庭生活的享受。但是，每个人有不同的技能，不可能全部去激活，必须选择一个具体的项目来撬动，而烘焙正是最合适的这个点。它蕴含着一种追求个性化和创意的匠人精神，在中产女性群体里是热门技能，很多全职妈妈都擅长烘焙，并且更多的人有兴趣去学习。

一旦找到了精准的服务对象，做事就容易很多。此时的 Kechao 也意识到社群的重要性，除了改版公众号的内容外，她开始建立社群，把爱好烘焙的妈妈们聚合在一起。她们都不是因为没了工作才沦为全职妈妈，而是为了让家庭生活品质更高才牺牲自己的事业。但是离开职场后，每天照顾孩子，生活圈子变小，社交需求没法得到满足，而面包公社就像一个港湾，让她们认识很多志同道合者，找到了归属感。

大家每天在群里晒自己的烘焙产品，或好的美食创意，在别人羡慕声中，自己也享受了快乐。如果有人在做美食时遇到了问题，在群里提出问题，立刻就有人回答，交流便捷而开放。同时，“面包公社”也把群里分享的美食制作流程整理出来，在公众号上发表，这种 UGC 方式解决了内容的持续输出问题。

随着时间增长，社群里出现了很多烘焙达人，她们的态度和行为影响着别人的生活。在这种情况下，“面包公社”更像是一个孵化器，全职妈妈们在这里锤炼技能，保持状态，等什么时候想继续职场生活了，马上就可以出发。

3. 线上运营与线下运营活动结合，社群黏性增强

目前，“面包公社”有 6 个微信群，达 2000 多人，成员基本都是上海地区的全职妈妈。其中 3 个核心群是由团队的人在运营，还有 3 个群是热心的成员在运营，实现了自我管理。为了让社群更有价值、更具黏性，公社制定了相应的群规，如不准发广告、不能挨个加好友、售卖美食的人必须分享配方等。由于大家的素质都很高，保证了群的活跃度和纯洁性。

每天晚上九点，“面包公社”会在群里推荐一个烘焙达人的产品，精美的图片已让人垂涎欲滴，再加上这个达人又是大家所熟识的，有了信任感，往往几分钟就会抢购一空。除此之外，“面包公社”还会定期在群里举行主题活动，比如“樱花季适合做什么甜品”，全职妈妈们纷纷投稿，有做蛋糕卷的，有做樱花马卡龙的……然后由专人将这些内容整理出来发到公众号上，同时还会在微店出售这些个性化食物。

时间长了之后，大家已经不满足于只在线上交流美食心得，更希望能在线下认识了解，实地学习烘焙知识，这也与女性群体的内在社交诉求有关。为此，“面包公社”举办了丰富的线下活动：

（1）烘趴。烘趴也就是烘焙趴体，它不是传统的美食制作培训课，而是一种交流活动。“面包公社”会请群里的烘焙达人担任烘趴主持人，她们可能不是专业老师，但有自己的审美创意和“一招鲜”，现场为大家制作美食，想学的人可以来学。但这种活动不追求把大家教会，最重要的是好玩、有趣，是一种心得分享。

（2）烘焙义卖。全职妈妈群体在物质方面已经满足，更重视的是精神诉求，而公益便是她们共同关注的点。“面包公社”和公益机构联系很密切，经常组织妈妈们进行烘焙义卖活动，然后把所得的收入捐给公益事业。除此之外，“面包公社”在做公益上尝试了新的方法，那就是亲子烘焙义卖。通常是妈妈带着孩子参加，但是让孩子从头参与义卖过程，包括设计海报、选择食品、产品定价和现场销售等，最后也由孩子们来决定捐多少钱。这更像是一个小孩的创业项目，很锻炼人的实践能力，得到妈妈们的一致称赞。

（3）美食暴走。“城市暴走族”流行之后，“面包公社”也开创了一个“美食暴走”活动，组织一批吃货，选择一条线路，把城市里的数个美食店串联起来，走一路，吃一路。刚制定计划时，公社还担心这样走路是不是太无聊，没想到却是所有活动中气氛最嗨的，大家边走、边吃、边聊，就像老朋友一样。这也恰恰契合了“面包公社”的核心理念：“吃是一种生活态度”。Kechao 认为，一个社群一定要有统一的价值观进行支撑，并不是简单拉一个微信群就称为社群的。“面包公社”强调的是品质和分享，既要求食物美味健康，也要把美的经验分享出去。有了方向之后，再通过以上这些线上和线下活动的过滤，一批认可价值观的人就沉淀下来，成为忠实用户，接下来一起做事就容易多了。

4. 分享余粮，推广内容，助推妈妈成为自明星

“面包公社”的成员基本是中产阶层的全职妈妈，这群人的消费品位和消费水平都很高，她们能聚合在一起，看似是一件商机无限的事，但“面包公社”并不盲目追求盈利，也不喜欢“变现”这样的字眼，还是想定位在分享型社群的层面，帮助妈妈们成长。尽管如此，“面包公社”的收入是可以应对日常运营成本的。

在社群里，有的人食品做得好，做得多，除了自己吃，剩下的就可以分享给别人，然后收取合理的费用，大家称其为“余粮”。为了便于买卖，面包公社成立了微店，但要求售卖者必须提供真实的身份证明，有的还需要当面了解。同时，上架的食品必须提供所用的原料及品牌，因为妈妈群体对原料的来源和质地非常重视。微店其实只是一个工具，重要的还是让人能方便地品尝到不同的美食。

如今的烘焙已经有了一个成熟的产业链，各个链条上都有很多产品。“面包公社”的影响力扩大之后，会有很多商家前来接洽合作，比如面粉商、乳制品商、餐具商以及做活动的大型商场等，他们也都看中了这个高素质的妈妈群体。“面包公社”经常组织大家一起做团购，既节省了成本，也帮助品牌商进行推广，这是很好的盈利方式。

其实，随着“面包公社”规模的扩大，Kechao 在考虑接受合适的投资，目的是帮助社群里的一些烘焙达人打造品牌。她们都有个人的公众号，也积累了不少粉丝，在美食圈已小有名气。“面包公社”想通过视频、活动等方式，把她们推出去，成为这个领域的自明星，让她们的生活品质和态度影响更多人。

“面包公社”虽是一个美食社群，作为创始人的 Kechao 自己却并不擅长烘焙，她更愿意帮助别人去做自己喜欢的事情。看着社群里的很多妈妈一开始不会做，现在却成为达人，从消费者变成创造者，她觉得这才是最有意义的。她很认可社群媒体这个概念，一群价值观相同的人聚合在一起，彼此分享，互相成就，会产生更大的能量。

场景二 疯蜜社群——美少妇与自由女神

1. 嗨翻十城的自由日派对

2015 年年底，一场主题为“疯蜜自由日”的派对活动席卷十城，现场覆盖 3000 多位女性，获得 1200 万元赞助。在各地美少妇的精心策划下，每个城市派对的形式不同，风格不同，但都凸显出了别致的创意。

北京的派对是礼服配棒棒糖，成熟中蕴含着童心；上海举行了黑玫瑰与红玫瑰主题酒会，一个经典，一个妩媚，各具风情；成都的会员来到了有 700 多年历史的明代古宅里，弹琴品茗，感受传统文化的韵味；长沙举行了一场亲子烘焙趴，让高质量的陪伴不再奢侈……

这便是疯蜜社群的大型线下活动之一，受到了所有追求高品质生活的女性瞩目。然而，如此高规格的活动并不是由社群总部组织的，负责该项目的只有四个人，他们主要是确定主题和给予品牌上的支持。至于各城市的活动策划和执行，完全是由社群成员自己来完成的。

其实，就连“疯蜜自由日”这个倡议也是成员自己提出的，她们有感于现在的很多女生会爱人却不懂爱己，会抱孩子却不会抱自己，便号召大家转换下常规的生活轨迹，每周至少留一天时间给自己，过一个 Free Day。

像这样由成员主动发起的活动还有很多。在 2015 年的一次群分享中，有一位作家成员觉得疯蜜社群中的女人都有很多故事，可以集合起来写一本书，这个提议得到了大家的热烈响应，总部也觉得点子很好，同意协助实施。

于是，她们便在群里发起众筹，不到一个月就完成任务。先是确定 12 位女主角，尽量避开名人，选择那些真实、平凡，但又有代表性的温暖人心的故事。大家自发报名，然后由成员进行投票。接下来的写作、编辑、出版等事项，都是由熟悉各环节业务的用户自己实施的。

如今，这本名叫《活出自己》的书已经上市，算是社群成员为自己打造的一份纪念礼物，同时也真实地展现了当下女性的面貌，有公益的性质。

可以说，疯蜜社群为成员们提供了一个互相连接的平台，而进入组织的人用自己的热情去付出和获得，彰显出一定的去中心化特征。

2. 生来如“疯”，活该如“蜜”

经济的发达和文化的开放，为女性群体创造了史无前例的独立机会，她们既成为社会财富的创造者，又成为市场消费的主力军。社群崛起之后，很多人都想抓住这个群体，以内容、产品或服务为价值点，聚集成一个个圈子。疯蜜社群虽然也走的是这条路，但步伐要迈得更大，其背后的支撑便是社群门槛和价值观。

有过多年女性营销经验的社群创始人张桓，熟谙女性的心理和社群组织的规律，他说："社群经营的是一个组织的规模及吸引力，这个组织越活跃，这个社群里面的人群和资源越多，这个社群就越有魅力。"疯蜜社群的种子用户是他在工作中认识的一些高净值的独立女性，为了让大家能在同一个段位里自如社交，因而设立了一个很高的入群门槛：硬件上，一线城市的用户资产要达1000万元，二线城市的300万元起；软件上，她们对生活品质有追求，颜值还要高。这种严格的把关，一方面是对人群进行筛选，找到精准用户，另一方面也是看重她们的消费能力，便于提供整体服务。

所以，疯蜜社群不是靠内容来吸引用户，而是靠这群人聚在一起的群体魅力来黏住大家。外边的人都想进来，在里面的人又感到很自豪，成为一种身份的象征。但门槛只是一种手段，要想社群长期沉淀，必须给成员认同感，也就是价值观的传输。"做社群没有什么比价值观更重要了，只有价值观才可以长期凝聚人，而且必须是正能量的价值观"，张桓如是说。

疯蜜社群的价值观便是"live for me"，生来如疯，活该如蜜。她们本就拥有自己的事业，经济独立，不必依附男人，当然想要为自己而活。据社群运营总监Rita感觉，这些疯蜜们没有网红脸，每个人都美得很别致，未必都是天生丽质，但由内而外散发出自信的气质，并且不安于现状，很清楚自己想要的是什么，"尽管我还不是美少妇，但很喜欢和她们在一起共事"。

用成员自己的话来描述，"疯蜜中的女人，都是多金的，多数是创业者，少数是富二代，在工作中会比男人更拼尽全力，这就是她们的'疯'。同时，她们的女性特质又很明显，关爱家人，关心朋友，关注公益，这是'蜜'的部分"。

社群以微信公众号为承载平台，除了发布活动信息外，还开设了"疯蜜范”“疯言蜜语”等栏目，报道社群中有特色的人物故事，或者用户自己投稿，成为一个为美少妇提供发声机会的平台。如今，已经吸引了20多万粉丝关注，其中付费会员达到两万人。

3. 从100名种子用户到全国裂变

出身于德州的张桓，身材比较瘦小，温柔和善，没有我们印象中“山东大汉”的感觉，上学期间就是女同学心中的暖男。哈工大毕业后，他进入一家家电公司上班，开始接触营销，发现自己颇具这方面的天赋。经过一段时间磨炼后，他已经熟悉了这个行业的门道，并有了自己的独特心得和方法，开始给一些品牌做顾问。24岁时，年薪就接近百万。2006年，他成立了自己的营销公司“尚道”，专注于女性群体的营销，合作过韩束化妆品、哎呀呀饰品连锁、SPAKEYS苍井空内衣等著名品牌，创造了不少营销界传奇。同时，他还开办了“女性消费研究院”，专门分析女性心理，探索女性市场趋势。张桓为人真诚，他欣赏那些成熟独立又有想法的女性，除了给予鼓励外，还会一针见血地指出她们的问题，成为不少女人，尤其是少妇的知心男闺蜜。有一次，一个用户向张桓诉苦说，她以前在外企做高管，结婚后成为全职太太，有天晚上忙完后，坐到镜前，发现自己脸色变得蜡黄，感到很惊慌。张桓听后，也很心疼，开始有了要做一些事情来帮助这些少妇的想法。

之后，他和真格基金的徐小平、丰厚资本的杨守彬等人一起去以色列游学。聊天时，大家觉到他谈起面膜、丝袜等女性用品头头是道，比女人还懂女人，便鼓励他去创业，并现场敲定了400万元的天使资金。

2014年4月，张桓开始建立面对美少妇群体的高端社群。他先是在朋友圈发了一个消息，招募100名美少妇作为“梦想天使”，因为之前积累了大量的用户，很快就有500人报名。张桓从中挑选了100位高金、高颜值的用户，包括网络人气作家 Ayawawa、漫画家粥悦悦等知名女性。

凭借着种子用户的人气，疯蜜社群很快吸引了大量精英女性的加入，她们大都是冲着这个群体的文化氛围而来的，所以社群一开始就是去中心化的，是由用户共同建造的。比如，“疯蜜”的名字出自一个叫慧珺的用户，而社群理念“live for me”是广州的疯蜜滨奇提出来的。

同时，由于是去中心化的，疯蜜社群的发展路径也和很多社群不一样，一开始就注重裂变。它在全国范围内的城市建立名叫“疯窝”的分群，指认合适的人担任“窝主”，然后由她自主发展会员，并和当地的疯蜜们一起举行活动。如今，疯蜜社群已经在 12 个城市建立了“疯窝”。

4. 高质服务基础上的会员体系

提起疯蜜社群的运营，有一个很有意思的故事：有一次，一个投资人想参加疯蜜的活动，便问张桓地点在哪里，张桓说不知道，又问活动是干什么，张桓也说不知道。其实，这恰恰体现了社群自组织和自运营的特点，总部只提供品牌支持，至于活动的具体实施，全部由各地的“疯窝”来负责。

“疯蜜社群的活动就像球星的粉丝见面会一样，在官方的支持和协助下，粉丝们把什么都准备好了，明星来参加就行”，运营总监 Rita 说。这种成效要得益于社群垂直化、分层级的管理模式，采用“漏斗机制”来组织活动：先是在大群发布信息，确立主题；然后，各个城市的分群根据通知认领角色，商讨怎样把活动做好；最后，再从参加活动的人中，筛选出适合社群的人入会。

不过，疯蜜社群的运营也经历了一个调整的过程。由于裂变迅速，在起初两个月就从 1 个微信群扩张至 10 个微信群，最高峰的时候大概有 500 多个微信群，其中也包括一些做活动临时建的群。后来考虑到信息过载，用户的精力有限，应该给她们做减法，把最好的东西给她们，总部便在2016年6月解散了大部分的微信群，只留下几个核心群。

Rita认为，微信并不是沉淀社群的工具，而只是临时协同工具，有一定的生命有效期。解散群后，疯蜜还会通过APP、电话等方式连接会员用户，而普通用户可以从公众号上了解社群的动态。

十万“躺尸”关注，不如一万付费用户。也正是在这个理念基础上，疯蜜社群建立起了系统的会员制度，用高质量的服务黏住高质量的人群，这是他们最主要的商业模式。经过更新，目前的疯蜜会员包括两种：一种是1万元/年，可以免费参加一定数量的社群大型活动，比如以哈雷、高尔夫、艺术、礼仪等为主题的活动，也可以免费使用机场的贵宾厅，享有境外医疗方面的优惠等。

另一种是12万元/年，又叫“疯蜜投资会员”，能接触到30多个可盈利的女性投资项目，如名创优品、胡桃里、许个愿吧等。这些项目，一般人无法加入投资，但是疯蜜社群通过品牌的影响力可以获得入股机会。同时，她们还可以参加股权投资营的培训课程，邀请国内顶级专家和企业家来授课，学员在学习过程中就要拿100万元进行操盘，真正将学习和实践结合起来。

谈到社群经济的前景，张桓认为：“现代商业正在经历从物以类聚到人以群分的转变，未来企业或者平台服务的将是一类人，而不是用产品服务一群人。社群就是快速高效找到这类人的捷径。”疯蜜社群所走的路正是如此，它通过一定的门槛筛选出精准的高净值独立女性人群，用高频度、高质量的活动所构建的文化氛围将她们沉淀下来，在提供人脉和资源机会的同时，自己也就收获了价值。

场景三　706 青年空间——宇宙中心的乌托邦

1. 一场 48 小时的生活实验

一个不用加班的周末，你会选择如何度过？睡个懒觉起床，再追十几集电视剧？和好友逛街、唱 KTV 或去咖啡厅闲聊？在生活圈子日益狭窄、娱乐方式日益贫乏，日常空间被互联网大量侵占的当下，是否还有其他的活动形式与交流方式，让我们去拥有不一样的生活体验？

为了找到这个问题的答案，有群年轻人聚在一起，进行了一场“48 小时生活实验”。这场实验，是一次与陌生人的长达48 小时的聚会。在这48 小时里，他们暂时告别网络，和陌生人完成一个即兴剧本的创作和表演，读一首自己喜欢的诗歌，在黑暗中围着跳动的烛光，聊一聊公共议题和个人困惑，在深夜一边品尝大家做的美食，一边倾听每个人的故事……

或许有人会在活动中结识志同道合的挚友，也或许有人会通过讨论重新认识自我，不论最终收获如何，每个参与这场生活实验的年轻人，都可以与陌生人产生意想之外的碰撞，并亲手构建一个自己理想中的乌托邦。

“48 小时生活实验室”，实际上是706 青年空间策划组织的一次活动，因收效良好，这项活动已经变成一个受到壹基金支持，并在全国推广的开源项目。706 青年空间则希望通过这种活动形式，让更多渴望认识自我和得到认同的年轻人，打破自己现有生活环境的局限，突破互联网虚拟社交的屏障，聚合在一起共同探索生活的更多可能。

2. 用青年视野探索更多可能

“探索生活更多可能”是 706 青年空间的口号，也是他们核心价值的体现。作为全国第一家青年空间，这里由咖啡馆、展览厅、图书馆、健身房、小剧场组成，在提供丰富的沙龙、读书会、公开课、独立电影放映、民谣演奏、即兴话剧等活动的同时，还提供中长期住宿服务，如今706青年空间的住客维持在70人左右。

706青年空间就像是一个开源思想的创新平台，青年人在这里可以呈现出不同的思想、故事、经历和价值观，让每个人自我探索，发现更多可能性，找到自己志同道合的同伴，找到归属感。

因此，这里也聚集了一批个性鲜明的青年人，有哈佛、耶鲁的高才生，也有高中辍学的创业者，在多元的同时，又有着共同的气质。他们是这个时代下最活跃甚至激进的群体，爱玩、开放、自由，敢于突破自我和社会的束缚，敢于对公共问题发声，敢于将最简单的生活活出自己的特色。

从2012年创办至今，706青年空间已经举办了将近2000场活动，吸引了两万余人的参与，并被NHK、纽约时报中文网、新华社、《第一财经周刊》《中国青年报》《南方人物周刊》等多家知名媒体报道。

3. 优质活动筛选成员，构筑社群生活

目前，706青年空间主要通过优质的线下活动来吸引成员，打造高黏性与高参与度的社群文化。

除了沙龙、名人讲座、音乐会、观影会、读书分享会这类常规活动，以及每月一次的48小时生活实验室外，706还策划了一系列属于青年，并能带来深度互动的活动：

（1）恋爱价值观拍卖：通过虚拟代币的形式，让参与者在完全不知道会出现哪些价值观的前提下，选择并竞拍到自己看重的价值观，从而发现自己在亲密关系里最为看重的核心。

（2）苏格拉底式对话：由5～11个对话者参与，并设置一个主持人提供帮助。对话围绕一个具有普遍性的话题（例如，什么是正直，什么是爱情等）进行展开，让参与者在对话的过程中，对问题进行严格而深入地思考和辩论，并获得共识意义上的知识和答案。

（3）72小时专业互换：以参与者感兴趣的专业进行配对，进行线上交流，并与配对伙伴完成旁听、交换专业书籍、同步进行某件日常活动等任务。

（4）青年文化体验官招募：为参与者提供免费食宿，并为其提供深度体验青年文化、融入青年组织、修炼一项特殊技能等机会。

针对706青年空间的住客，他们还策划了一个内部“连接计划”，发掘住客的才艺并进行共享，例如素描、拳击、攀岩、烹饪等。他们希望通过这类共享活动，让706的70多位住客找到真正聊得来的朋友，进行深度的连接与交流。706青年空间的活动每周平均进行20场，希望通过这些活动形式，去找到他们真正应该关注和运营的青年群体，并围绕青年人的生活方式展开，去打造一个能让青年人沉浸于其中、真止代表青年人特质的第三空间。

706青年空间成立4年以来，已经数次搬家，从最初六七十平方米的小房子，到被誉为“宇宙中心”五道口的900平方米复式，这是空间的扩大，也是组织的扩大。如何充分利用空间，构筑一个更加立体的青年社区和一种更完善的社群生活，对于706来说，未来可以做的事情还有很多。

场景四　“在北大不吐槽会死”

“人之初，要吐槽；三人行，必有一人在吐槽；有朋自远方来，大家一起吐吐槽……”伴随着各种幽默个性的开场白，音频节目“在北大不吐槽会死”（以下简称“北槽”）的三位主播，“扯淡刘”刘思毅、“呆逼侯”侯奇江和“周碧池”周雨晨，开始围绕校园内外的某个话题大侃大聊。观点互相碰撞，既有八卦插科打诨，也有深挖剖析建议，用他们的话说就是，以“湿湿的”方式输出“干干的”内容。

“北槽”在播客、荔枝等平台开播三年以来，全网累计收听量达5000万次，已成为大学生群体中最具影响力的音频节目之一，并搭建起一个连接国内外学生的青年交流社群。有听众在节目下评论：“我觉得这是在替许多这个年龄段的人说出我们的思想”“舒缓负面情绪的利器”。这些话无疑道出了“北槽”的存在价值，名为吐槽，实为讨论，帮助大学生答疑解惑，同时也成为我们了解当下青年人生活状态的一个窗口。

1. 不安于北大，不止于吐槽

“北槽”的三位主播都是北京大学新闻传播学院2011级的学生，来自四川的刘思毅和北京人周雨晨住在同一个寝室，他们与西藏姑娘侯奇江是好朋友。2013年暑假，三人同游庐山，晚上睡着潮湿的被子，白天在一起吐槽，结下了“患难与共”的友谊。秋季开学不久，他们约在北大南门102度健康火锅吃饭，和往常一样，对学校和老师进行了很多吐槽。期间，突发灵感：既然都这么能说，谈的东西也很有营养，不如分享出来，让更多人听到。

说干就干，一周之后他们就在播客上线了“在北大不吐槽会死”。之所以选择音频形式，他们自嘲是因为长得丑，实际上还是音频节目成本低，容易上手。而名字本身也很接地气，符合他们三人爱说话的性格，“北大”和“吐槽”并列在一起，形成碰撞，有很大的冲击力，容易引人注意。做到第五期，就开始有不少人在听了。一年后，发展到数百万的收听量。

三人虽是同专业，但爱好和特长不同，所讨论的话题极为丰富，并能够从各自角度进行解读。刘思毅侧重于互联网和创业，他是话题的推动者和串联者；侯奇江善于深度思考，逻辑能力强，对女权很有研究；周雨晨喜欢电影，在讨论中善于抛梗和接梗。他们录节目不用脚本，也不事先准备话题，通常都是临时碰头商量一下，就开录了，一次性到位。三人性情相投，配合默契，互相加持起来，气氛很好。节目也不用过多剪辑，只是在首尾加上背景音乐。也正是这种自由随性的风格，对听众来说有一种亲近感。

“北槽”所谈论的话题大都与学生息息相关，涉及英语、论文、军训、楼管、毕业照等或大或小的事情，仅从“汝渣于学父母知否”“要想实习赚点钱，甘愿回到解放前”等题目中，就能体会到一种趣味性。其中，诸如“师生恋与骚扰文化”“还未相恋早已热恋”等情感类话题，更受观众欢迎。当然，他们也谈一些如二胎、郭美美等社会热点，表达大学生的看法。正如他们所说：“不安于北大，不止于吐槽。”他们在节目中并不以说教的口味去教大家怎么做，而是把自己所经历的、所看到的和所思考的东西真实表述出来，让观众觉得有人在陪伴自己一起生活。“北槽”部分节目单如图 6 所示。

节目	播放	日期
呆逼读书：女性小传	▶7234	2016-03-02
春节加点红"血淋淋"的现实主义电影	▶6001	2016-02-25
大公司、小公司	▶5325	2016-02-22
情人节急急如律令！	▶4162	2016-02-16
冲动是魔鬼吗	▶4161	2016-02-16
春节吐槽大会	▶9801	2016-02-07
分离不多，却总有久别重逢	▶7434	2016-01-30
再见，再见，再见	▶5437	2016-01-26
我们这孤独寂寞冷的生活	▶10724	2016-01-11
将阶级维度引入性别	▶5766	2015-12-28
告密文化	▶6068	2016-01-03

图 6　“北槽”部分节目单

“北槽”节目通常每周录制一到两期，每周发一期，如今已做到了第四季。2015 年，三人本科毕业，刘思毅选择了就业，周雨晨出国留学，侯奇江成功保研。三人没法像以前一样常聚在一起录节目，但是因为他们走了不同的路，反而开拓出了更宽广的讨论话题，对在校大学生更有指导意义。节目本身也开发出了“主播专栏”和“嘉宾分享”版块，有时候由一个主播在自己的时空里谈所研究的专业，有时候邀请嘉宾来分享自己的工作情况，比如前段时间他们就请了《GQ》的主笔何瑶做嘉宾。

2.“大学生的心灵狗腿子”

“北槽”节目的听众主要以在校的大学生为主，刘思毅将其分为三类：一类是在非北上广深城市或非 985、211 大学的学生，他们想知道上北大的人每天在干什么，人生是怎么走过的；一类是同龄的学生，听着节目，一起见证成长；一类是比他们稍微年长的师兄师姐，或者是国外留学生，好奇“小孩儿们”是怎么想的、怎么玩的。这三类人的比例大概是 7:2:1，他们在成长中都有困惑和痛苦，希望能有一个亲历者做参照，而“北槽”便扮演了这样一个类似灯塔的角色，他们称自己是“大学生的心灵狗腿子”。

通过做节目和与听众交流，刘思毅发现如今的大学生并不像长辈们说的那样“不行”“自私”“利己主义者”，而是充满了朝气和能量，有各自的梦想。但同时，他们身处象牙塔中，缺乏与社会接触，信息不对称现象特别明显，整体处于一种懵懂状态。人生有很多迷茫期，大学生更是迷茫的重灾区，很多人不知道如何在保研、出国和工作中做选择，不知道如何处理与父母的关系……

大学阶段是人生的一个过渡期，大学生所面对的压力一点也不比成人少。刘思毅认为这群人是需要“被拯救”的，既要刺破他们不切实际的幻想，同时也要让他们看到生活真正的出路。“北槽”虽然主打“吐槽”这个倾向于宣泄情绪、玩世不恭的词语，聊天比较重口味，节目内容其实很有建设性。三位主播本身都是新闻学院的学生，有一定的传播素养，在输出内容时，会有一个自我审查的过程。即使是吐槽，也会选择值得吐槽的话题，做到言之有物。

他们的经验来自于他们自己走过的路，这也是他们能够做大学生心灵导师的资格。比如刘思毅本科毕业时，在保研和求职中选择了求职，在求职时选择了创业公司。在这个过程中，他是怎么思考的，遇到困难是怎么应对的，又从中学到了什么，只要讲出来就会对别人有启发。同时，他们自己也会主动做输入，如果有一段时间做节目感觉捉襟见肘，就会有意识地去看书，搜集各种信息，与段位高的人交流，以掌握更多的谈话物料。

此外，刘思毅还发现“北槽”的听众里有一部分是初高中生，他们能对这些名校精英们的讨论感兴趣，成长曲线自然显得比较陡峭，心智方面会比同龄人成熟。等到他们进入大学后，因为已经明白了大学是怎么回事，也就能够从容地去应对各种学习和生活方面的事物，少走弯路，这也是“北槽”的一个“功德”。

3. 融入其中，和大家玩成一片

“北槽”开播一年之后，因为北大新闻传播学院有一门“媒体与社会”课程，要求大家做社会作业，于是三位主播便开了一个公众号。一开始他们做得并不认真，主要是推音频节目，有时候随性地写篇文章或丢一个话题让大家讨论，没想到引起了强烈反响，公众号逐渐成为“北槽”与粉丝互动的重要平台。其实，公众号只有一万多人关注，量不大，但是黏度非常高，每篇文章平均有两三千的阅读量，数百条评论，并且有很多打赏。

三位创始人一直认为，听众是他们最大的财富。他们自己很擅长和粉丝对话，用真实的经验和真诚的态度去交流，让大家觉得“北槽”不只是三个主播发声的平台，更是每个人亲密的生活空间。围绕这个理念，“北槽”在线上做了不少连接粉丝的活动：

（1）“北槽”鸿门宴：主要是发布各种活动，比如在公众号里号召大家曝照，不管是自拍、他拍还是物品照片，都可以通过后台回复上传。然后，三个主播会选一些照片进行点评，发布到公众号上，上传照片的人会很期待自己有没有上榜。每次举行这种曝照活动，都有两百多人参加。

（2）我想认识你。这是一个线上“相亲角”活动，每个人上传自己的照片，然后写下“我是谁”“我想认识谁”“最近特别打动我的是？”并留下自己的微信号。“北槽”每期只推荐五个人，如今已有数百人在排队。

（3）“北槽”解忧铺。受东野圭吾《解忧杂货铺》的启发，北槽也创建了自己的解忧铺，让大家把自己的烦恼事告诉给几位主播，然后主播会帮他们疏导。大学生有很多忧愁，他们渴望被聆听、被陪伴、被鞭策，而不是一定要得到具体的解决方案。

这个活动已经做了30多期了。随着粉丝的增多，“北槽”也建立了一个500人的粉丝群，并且只建这一个。学生群体本身空闲时间多，喜欢交流，常在群里互相撕戳，活跃度很强，每天都会产生两三万的信息量。群里有一个Dirty Talk的环节，所聊的内容尺度很大，更能鼓动起大家的热情。刘思毅说，“北槽”的运营没有任何方法的支撑，如果说有什么方法的话，那就是融入其中，和大家玩成一片。

时间长了，有些人可能因为不堪其扰而退群，同时又有新的粉丝进来。因为只有这一个群，于是便自动形成了筛选模式，主动聚合起相同调性的人。当然，在这一个主群之外，还有很多以省为划分的“分舵”，不过都是粉丝自己建立的，“北槽”只是给他们一个“舵主”的名分，具体运营由他们自己做。

除了线上活动外，刘思毅有时候还会邀请槽友们到他家里开轰趴，大家一起吃饭、玩桌游、聊天，然后再一起去录音室做一期节目，让其他槽友能听到更多真实的、接地气的内容。2016 年 10 月 13 日，北槽举行了成立三周年的生日聚会，已有一百多位槽友报名，其中很多都是从外地赶来的。

这种强连接的社群关系，也给群主的工作带来了很大的方便。“北槽”节目除了三位主播外，下面还有 40 多人的核心成员，他们都是分布在全国各地的志愿者，根据自己的特长，主动承担起了文案设计、微博运营、公众号编辑、音频剪辑、节目上传等任务。从 KOL 到核心团队再到社群成员，“北槽”社群形成了一种平等的层级关系。他们聚在一起，不是为了完成一个切实的任务，更重要的是享受那种相互陪伴、一起成长的感觉。

4. 人是社群的核心财富

目前在“面包求职”负责市场业务的刘思毅谈起做“北槽”的历程，激动道：“如果没有‘北槽’，就没有今天的我，人生轨迹可能就不一样了。”首先，“北槽”作为一个大学生的作品，让他在参加校招、求职、面试时很有底气，成为他履历上极为瞩目的一点，让人刮目相看；其次，“北槽”帮他获得了很多人脉资源，认识很多大公司的前辈；再次就是对个人能力的提升，包括人际沟通、内容创作、市场运营等。而这些益处同样也适用于保研的侯奇江和留学的周雨晨，都是他们人生中的精彩一笔。

对于社群成员来说，他们在听节目和与别人互动的过程中，丰富了自己的大学生活，也正确认识到了在大学应该怎么做。有不少人正是听了“北槽”的节目，在毕业后勇敢走出自己狭窄的地域，去大城市寻找那份坚强的理想。所以，“北槽”认为他们看中的不是成员的量的价值，而是单个成员的价值，是成员对“北槽”的认可，这成为“北槽”持续存在的动力。

由于三个人起初都是抱着想为自己做一件事的情怀去成立“北槽”的，并没有过多地考虑到变现问题。目前“北槽”的主要收入来自于各个平台的打赏和卖票，计有数万元。如今，三人都已本科毕业，有了各自要奔忙的事情，想要把“北槽”做好，需要更多的精力，经济变现也成为一个切实的问题。对此，刘思毅有三个方面的展望：

一是要做大学生群体的分析研究。就像青年志所做的一样，他们对青年群体进行定量和定性的分析，形成研究报告，然后向各大公司售卖，成为产品打入青少年市场的一个参考。而“北槽”非常了解大学生群体，知道他们需要什么，自己能给他们带来什么，如果形成系统的研究报告，也会有很好的商业价值。

二是要做培训课程的营销。刘思毅所就职的面包求职主打大学生求职培训课程，他想尝试让“北槽”的粉丝们成为校园营销团。如果槽友认可他推荐的课，就帮助他去售卖，达到一定数量，自己可以免费参加培训。这既能帮面包求职的业务有一个质的提升，同时对大学生来说也是一个锻炼。

三是相关周边产品售卖。社群是未来经济的核心渠道，如果成员对社群认可，对群主信任，自然也就会相信其所推荐的产品、内容和服务。刘思毅觉得“北槽”可以卖书、票、衣服、水果等相关周边产品，因为这些都是学生所需要的东西。社群主本身就是流量方，关键是寻找到合适的利益出口。

虽然需要收入，但“北槽”还没有到渴望的程度，他们认为自己最应该做的还是不断去沉淀那些见证他们成长的、一起相伴的粉丝们。对于社群来说，商业只是一个方面的考量，更重要的还是情感层面的连接，是经验和知识的积累，这对于每个人的帮助更大。

场景五 碳 9 学社——教育将死，学习永生

60 后的碳 9 学社创始人冯新，很推崇玛格丽特·米德的一本书《代沟》。在这本书里，作者提出了“前喻时代”和“后喻时代”概念，“前喻时代”是长辈向晚辈传输知识，而到了“后喻时代”，年轻人因为对新观念、新科技接受能力强，反过来要教他们的长辈。

当冯新认识到这一点后，他便果断抛弃了传统的灌输式教育思维，主动加入到青年大军中，组织大家一起学习，也避免自己被时代所抛弃，这便是碳 9 学社的核心理念——教育将死，学习永生。

1. 创办背景：得社群者得天下

创办碳 9 学社之前，冯新是真格基金的投资合伙人，主要做早期教育行业的天使投资，接触了很多青年创作者。2014 年 1 月，他建立了一个微信群，把在线下工作时认识的人拉到群里，一年下来聚集了 300 多人。在这个过程中，他发现创业者的失败率很高，最主要的原因是他们对自己所做的事、所从事的行业和专业背景了解不够，在认知层面存在很多问题。

2014 年 9 月，他在北京参加了李善友的研习社举办的大型演讲，主题是“移动互联网时代的颠覆式创新”。李善友在演讲中提出了互联网“七字诀”——产品、社群、自组织——让冯新深受启发，于是他便考虑做一个面对创业者的学习型社群，帮助他们提高认知，更好地成长。

得社群者得天下，认识到这一点的冯新迅速开始行动，在 2014 年年底推出了三期实验课程：“学习方法论”，如何掌握学习规律；“互联网方法论”，如何掌握众筹、O2O 等新事物；“创业方法论”，如何解决组建团队、设计股

权模式、融资等创业道路上的问题。

做完这三期实验课程后，冯新已经找到了一个创业者学习型社群的模式，并于2015年正式推出“碳9学社”。“碳9”是“探究”的谐音，寓意探究式学习，同时“9”也是“勾搭”的手势，两指拼在一起又形成一个同心，意为“要勾搭，来碳9”，大家一起结伴学习。

碳9学社的价值主张有两个：一是通过学习满足创业者的成长需求，改变他们的认知；二是通过学习满足创业者的深度社交需求，创业者其实是小众群体，很孤独，而学习恰恰是非常有效的社交场景，同学关系是一种深度社交关系。当然，冯新也有自己的诉求，他希望通过举办学习活动，能够更精准、更深度地认识优秀创业者，找到适合投资的人，这要比以前那种相亲式的创投交流靠谱多了。

但碳9学社的学习过程可不是简单的讲课与听课，每个人只有全力以赴、披荆斩棘，才能完成整个流程，得到提升，否则丢失的不仅是你的学习机会，还有尊严。

2. 学习流程：优胜劣汰，适者生存

通过多期课程的实验和不断打磨，碳9学社开创出了一套逐步推进又环环相扣的学习模型，在这个组织流程中，每一步都至关重要，每一步也都学有所获。

(1) 磨课

每期课开始前有一个承上启下的环节，也就是总结上期课，规划下期课，冯新称其为“磨课”。通常由他发起，成员有五六人，包括上期课程的学习委员、下期课程的学习委员和想当学习委员的人。大家花半天时间开会，对上期课程进行回顾复盘，觉得好的地方继续延续，不好的地方就在下期课程中迭代掉，实现持续创新。

目前碳9已经举办了23期课程，学社的核心思想（如去教师化、自组织）没有变，但具体的组织方式相比第一期已经发生了翻天覆地的变化。这都是在炮磨过程中完成的，以便让这个学习流程变得更科学、更合理，当然也更残酷。

（2）建群

碳9学社不做市场推广活动，社群成员都是碳粉自己拉进来的，也就是通过口碑传播来实现社群进化。每期课程开始前要建三个微信群，每个微信群500人。

先在群里做碳9学社历史文化传播，把一些历史文件，诸如碳9的调调、碳9宝典、学员作业、学习回顾文集等分批发到社群里面，让新碳粉们了解整个社群的文化氛围。

（3）书单接龙

碳9学社倡导“三没模式”，即没教师、没教材、没参考书，一切都要靠自己去找，自己去学。建成群后，学员中如果有对本期课程主题有研究、有认知的人，就把自己读过的书分享出来，以书单接龙的方式推荐给大家。每期课程都会有十几本参考书，是用社群众智的方式来实现的，以此调动大家的参与感。

（4）挖掘机行动

碳9学社有一个“挖掘机群”，由每期学习成绩突出的人组成，下期课开始前，这个群会根据主题提出一组关键词，然后在同一时间放到三个微信群里。大家一起围绕主题和关键词去网上搜集资料，找到所有与此有关的文献（如人物、机构、文章），再由义工将这些资料汇集起来，形成一个文集。

在2016年3月举办的一期“合伙创业的股权分配”课程中，三个群经过三个晚上的挖掘，共汇集A4纸资料3600页，总字数达273万字。这么庞大的资料搜集工程，正是由学员们自主来完成的。这也是冯新所提倡的，授人以鱼不如授人以渔，最终是希望学员掌握方法。

（5）同伴阅读

资料准备齐全后，学习委员在群里发一个“同伴阅读”的召集令，通常会有30~50人报名，然后把大家组织起来，一起在线下进行深度阅读，将资料消化吸收，同时还有讨论。

（6）正式报名

以上都是进入这个主题学习的预热过程，目的是让参加学习的人对学习对象有一个基本认知，不能一片空白地进来，冯新称其为“前置性学习”。

然后才开始正式报名，碳9会从三方面对报名人员进行筛选：一看作业质量，报名参加学习的人需要提交一篇作业，不能少于2000字，有的学员甚至交了1万字的报名作业；二看背景介绍，学员要有代表性的创业经历；三看社群活跃度，考察学员在之前的社群活动中有没有价值输出。

最终，从报名人员中选出36人作为这一期的预备学员。

（7）抢板凳

学员筛选完成后，在学习委员的一声令下，每人同时发1元钱的红包，然后按照发红包的顺序，取前30个人入围，作为正式学员。如果有人抢跑或者排在30人之外，就落选了。

设置这种“抢板凳”的游戏环节，一方面是增加趣味，另一方面也是提醒学员，学习机会难得，一定要珍惜。

入选的学员每人要交纳2000元保证金，如果最后能按流程完成学习任务，保证金退回。

（8）分组

将30位学员分成5个小组，每组6人，同时要求每组至少有3名新学员。这是因为碳9的学习竞争太激烈，老学员因为适应了压力，懂得规律，在后面的学习中往往占据优势，不愿意带新人。为了让新人能出头，特意设置这样的规则来强制搭配。

（9）自组织磨课

接下来的10~12天，每个小组自组织各种学习活动，不少于5次，很多小组甚至学到深夜一两点。这个环节比较开放，有些没入围的人可以参与学习，而这个组的学员也可以参加到另一个组的学习中。这是为了让学员能够吸收到不同组的学习思想，丰富对主题内容的理解。

经过自组织磨课学习，小组长有权力淘汰2~3位学习能力弱或学习态度差的学员，让更好的人选代替。同时，如果一个小组有3个学员联名对组长表示不满，组长也会被淘汰。

这就是碳9学社的丛林文化，推崇优胜劣汰，适者生存，让更强的人冒出来。如果你学习能力差，没人带你玩。

（10）正课

碳9学社的理念是，让学习发生在课程之前、课程之外和课程之后，正课只是学习成果的输出和检验。通过学习成果的输出形成反向压力，强制带动前段进行吸收内化，是为“输带化”。

冯新认为，坐在下面听讲是学习效果最差的一种方式，不符合人的认知规律，必须被颠覆。这就要求每个人不能只做听者，必须进行成果输出。而当你给别人讲一瓶水时，自己必须要有一桶水。

正课共有两天时间：

第一天上午：小组讨论。每个组经过讨论，把之前的学习成果做成 PPT。之后，碳 9 还会邀请一个与本期课主题有关的专家做分享，通过他的授课，大家的认知会有更高的提升。不过，分享不是主流，它在整个学习中只占两个多小时。

第一天下午：自由辩论。每个小组准备 3 ~ 5 个问题，任意指定另一个小组的人来回答，对其进行挑战式提问。其他成员不用举手，可以随时参战。这四个半小时充满了火药味，是为了让学员的思想进行自由碰撞。

第一天晚上：修改报告。经过一天的交流辩论，各个小组都会有更多的想法，于是加班加点改 PPT，有的小组甚至做一个通宵。

第二天上午：小组汇报。每个小组有半小时汇报时间，前 20 分钟做汇报，后 10 分钟进行互动。当汇报进行到 10 分钟时，下面学员进行投票。如果累计到 10 张否定票，小组被淘汰，汇报结束。

第二天下午：复盘。先是小组复盘，用两个小时的时间，每个人对自己的学习过程进行复盘，给自己的表现打分，然后小组集体给组员打分。

碳 9 学社的打分制度分为三级：

A 级：学习成绩好，学习态度好。可以拿绿卡，下期学习直接进来。

B 级：学习态度好，学习能力欠缺一些。

C 级：学习态度不好。下次想要参加学习，必须在磨课环节有突出表现。

小组复盘中，每个小组必须强制性评出一个 C 级学员。大家在一起已经奋斗了一个月，到最后还要互相搏杀，压力很大，这也是碳 9 所传输的理念：狠拍砖才是真爱。有的人在公司里做领导，从来没被人批评过，但是到了碳 9，稍有松懈，就会被人指责。所以每个人都得充分表现自己，提供价值输出。

然后是集体复盘，大家轮流上台发言，谈自己的体会。这个环节每期都有人哭，因为很触动灵魂。有人从来没有遭遇到那么多人拍砖，他们之中有清华、复旦的毕业生，因为组织差，被严重批评。很多人到了这个环节才知道自己错失了一个学习的机会。复盘最后会评出一个冠军队，由碳 9 学社内部成员赞助丰厚奖品。碳 9 强调的是学习的本质，不是为了考证、评职称、出国等功利性目的去学习，就是为了提升自己的认知。

第二天晚上：晚宴。经过两天正课厮杀，大家终于可以放松一下了。在宴会上，碳 9 还会组织大家玩一个“狼人杀”游戏，这是杀人游戏的升级版。之前大家虽然在一起学习，但对彼此的思维方式认识并不清楚，但是在这个杀人游戏中，人们会充分暴露自己的特性，有利于更深度地社交。

（11）提交作业

热闹的晚宴并不是学习的尾声，在接下来的 72 小时内，每个人还要提交一篇复盘作业，也就是把自己的学习过程和感悟用文字表达出来，这才意味着本期课程告一段落。

作业必须以小组为单位进行提交。如果有人迟交或不交作业，不但他自己的 2000 元保证金会被扣除，还会连坐扣除整个小组的保证金，也就是用同伴的压力来逼迫学习，很有效。在碳 9 学社举行的 23 期课程中，有 20 期是全勤的。

3. 结语：教育将死，学习永生

一个人到底能学到多少东西，不取决于别人怎么讲，而在于自己到底挖掘出了多少。碳 9 学社的理念就是以学习者为中心，彻底地激发个人的主动性，让知识的消费者变成知识的创造者。

冯新希望通过这种独特的学习方法论，让创业者在竞争力极强的商业社会，杀出一条血路。同时，也让学员在学习过程中形成良好的连接，建立起多重网络式的社交关系。

经过预热、磨课、正课、复盘等诸多环节，一期课程的流程已经结束，但学习其实才刚刚开始。

冯新说，参加碳9学社的课程只不过是打开一扇窗，让你知道学习是怎么回事，而真正想掌握知识，还需要之后长期的坚持，在头脑里砸下一个大坑，在大脑皮层里沉淀下东西。

所以，教育将死，学习永生！

总结

社群运营是一个既简单又复杂的系统工程。复杂是因为运营中蕴含着各种不同的环节，如文化机制、流程设计、工具使用等，运营者还要具备综合能力，比如沟通、写作、管理等。简单则是在千头万绪中也有一定规律可循。社群运营的要点如下：

1. Why：为什么要做社群

前面我们介绍过的社群大概分为产品服务类、企业品牌类、学习类、兴趣类、社交类等。社群的属性不同、目的不同、人群不同，其运作方式就不同，这就要求运营者去学习，然后结合自己的资源条件和能力，进行量体裁衣、因地制宜的运营。

社群运营是一个系统化的工程，如果从道、法、术、器四个层面来讲：社群之道在于利他，为用户提供价值；社群之法在于以核心价值为单点切入，对用户进行深度连接，通过PGC带动UGC，建立从点到线再到面的价值吸引力法则；社群之术在于文化、团队和流程的系列设计；社群之器分为硬器和软器两种，硬器就是工具，软器是运营人员具备的各种技能。

而社群运营成败的关键是初心是否“利他”，也就是说能为用户提供什么样的价值。我们可以结合马斯洛需求层次论进行分析，社群的价值从低端到顶端，分别是生理、安全、社交、尊重和个人价值实现的需求。其中，生理和安全需求属于生存阶段；社交和尊重属于归属阶段，也就是小康阶段；到了最顶层就是富裕阶段，涉及个人成长。

需求决定社群的价值，而这个价值分布在马斯洛需求层次的哪个阶段，又决定了用户的特质。所以，社群的种子用户非常重要，他们的认知水平决定意识，意识决定价值观，价值观决定信念，信念决定能力，能力决定行动，行动决定环境，最终便影响到社群能走多远。

我们常说“勿忘初心，方得始终”，这个初心就是我们能给成员提供什么价值，它是一个社群的核心。如果你的初心只是为了赚钱，而不能为用户提供价值的话，那就没人陪你玩。

2. What：社群运营必须具备的基础要素

我们先来回顾社群的定义，社群是基于用户在共同价值观的基础上，拥有共同的目标，并付出了一致的行动，这样的一个群体才叫作社群。

（1）相同的价值观。我们常讲三观一致，世界观是对世界的认知，人生观是指人生意义是怎样的，基于这两者之上，通过人脑的思考，再形成自己的价值观。所以，人生观和世界观其实对价值观是有影响的。

价值观本质上是对人、事、物的认知、理解、判断或抉择，是认定事物和辨定是非的一种思维或取向，它包括个人的人生态度、人生目的、个人与社会的关系等复杂的内容。所以，一个社群的成员只有首先保证了价值观相同，才有可能进行深度连接，然后在这个基础上去追寻目标，并一致行动。比如以学习型社群为例，群内的学习绝不仅针对专业知识，还包括兴趣和视野的拓展，以及知识素养的提升，以实现个人的更多可能。因此，这类社群特别重视价值观的塑造，它以鲜明的价值观聚集调性相符的成员，并彰显其作为学习型社群所能给成员带来的独特影响。例如，吴晓波书友会强调的价值观“认可商业之美，崇尚自我奋斗，乐意奉献、共享，反对草根经济”便抓住了正在崛起的中产阶级。广西师范大学出版社建立的读书社群知更社区倡导的“过一种深刻的生活”，也正是抓住了人们不断攀升的精神需求。

（2）共同的目标。社群运营者要善于发现用户的激情所在，挖掘他们的潜能和兴趣，也就是找到他们内心的“痛点”，这样才能对每个人在社群中的作用进行定位。有了定位后，就有了一个身份和角色，然后再来制定社群的大小目标。

大目标是人生理想和梦想，比如要成为怎样的人，而小目标是短期内的目标。人生的大目标可能看起来很遥远，但如果把它们细分成阶段性的小目标，就会发现容易实现了。有了目标之后，还要制定计划去实现目标。制定计划的方法有很多，比如 SMART 原则、6W2H 法、PDCA 循环规则、WBS 任务分解法等。

（3）一致的行动。社群运营者一定要清楚社群里都有哪些人，他们的需求、行为模式、内在性格、职业发展规划是什么，然后给不同的人设定社群身份以及不同角色。

国外贝尔宾团队的角色设计方法，它把社群成员分为推进者（也就是社群领袖和群主）、执行者、完成者、领导者（相当于协调者），此外还有外交家（对接外部资源）、智多星（提供创意）、审议员（进行评估和批判）、专家（顾问和指导）等。

实际上，目前的很多社群在分工上都比较粗糙，只分群主、群管或群秘、群员三个层次。群主的职责是制定目标、指明方向和分配任务；群管是做具体的管理、监管；群秘做些知识性的工作，比如资料的准备、物料的准备、成员的沟通等；群员也就是参与者，可能做些其他方面的支持，比如线下活动的场景布置、互动等。

确定了社群的分工后，就可以利用个人的行为优势创造一个和谐的团队，能极大地提升团队和个人绩效。没有完美的个人，但有完美的团队，这便是一致行动的力量所在。

3. How：社群运营的 7 个步骤

在社群运营中，更重要的是执行力，一定要找志同道合、有一定的技能和经验的伙伴，把运营方法落地。具体来讲可分为七个步骤：

（1）社群构建。社群构建的关键是做社群定位，分为产品、用户和内容的定位。我们可以结合小米的“三三法则”来思考，第一个“三”指的是战略，也就是做爆品、做粉丝、做自媒体，第二个“三”是战术，指的是开发参与节点、设计互动方式、扩散口碑事件。从根本上来看，小米社群是从用户出发，听取用户的声音，并将其落实到产品上，这就是一个产品型社群的定位。

（2）找到种子用户。寻找种子用户第一要结合社群定位，你的社群如果定位的是大学生，就要去校园里找；如果定位的是妈妈，就要去母婴社区找；或者与教育机构合作，获取流量和资源。从不同渠道找到用户后，要进行内部分测，逐批去测试，看哪些人符合产品的调性，能够把产品的价值最大化发挥出来，并进行口碑传播，最后找到最精准的种子用户。第二是通过设置入群门槛来把控种子用户，例如，李笑来的共同成长社群就需要满足微博粉丝数量 1 万人以上、微信公号粉丝 2 万人以上，同时拥有 2000 人线上群等条件才可提交申请；芝士会则要求申请者在向工作人员缴纳 89 元入会费、填写详细的个人信息表后，还需通过两轮的电话面试才能够正式加入社群，其严苛程度不亚于应聘一份工作。

以上两步基本决定了一个社群的生存问题，因为正确的定位和精准的种子用户，能让社群黏为一体，让成员持续付出精力。社群的第一印象对用户来说非常重要，所以要让人知道这个社群是做什么的，能带给自己什么，然后才会发生共振。

（3）建立活动互动机制。通过活动来运营社群的本质就是沟通，要通过活动去听取用户的声音，了解用户的需求，然后进一步优化自己的产品。例如，芝士会成立了 6 个城市分舵，任何一个成员到达分舵城市，都可以联系舵主进行接风。他们甚至还成立了一支游学团队，以分舵所在城市设计路线，一起走过世界的大好河山。

（4）社群文化建设。社群需要有一个明确的调性，通常是社群领袖的调性决定了社群的调性，它通过社群文化来体现。文化建设会产生很多内容，需要运营者借助一些载体或平台进行传播，更好地融入社群氛围中。而社群仪式便是社群文化的直观体现之一，以学习成长型社群为例，群成员每天固定时间打卡、爆照、分享，也可以构思社群口号、周边产品，或一种社群活动的特定参与方法。例如，荔枝汇在举办线下沙龙时，都会要求社群成员按照沙龙主题进行装扮，而秋叶 PPT 则会让成员在进群后完成自我介绍、曝私房照、发入群红包三个步骤。

（5）社群裂变。社群一定要通过用户的口碑进行传播，带来一定的规模，然后才有可能发生裂变。

（6）社群运营管理机制。基于活动运营、内容运营和口碑传播，社群的基数逐渐增大，成员增多，不同的人有不同的需求，用户管理机制也要相应地进行细化、标准化和流程化，以便于更好地管理。

（7）社群变现。当所有人都认识到社群的价值之后，社群变现就非常简单了。从顶层设计到运营再到最后的商业变现，是一种顺势而为的过程。如果一上来就进行商业变现，是很难完成的。只有人与人之间才能建立起情感上的连接，就像小米社群一样，表面看起来是用户和手机之间的连接，其实正是用户在之前已经有了深度互动，对社群有了信任，才会为产品买单。

4. 社群运营的最高境界

而当一个社群能够达到自运营、自组织的状态，就属于运营的最高层次或境界。一般情况下，这种程度很难实现，一方面需要社群运营者本身有强大的人格魅力，另一方面他在选人、用人上还要有一套方法。

社群的核心始终是人，对人的理解和把控非常重要。很多从事人力资源、教育、心理学或销售行业的人，做社群运营比较成功，因为他们懂人。一个顶级的销售不是在销售产品，而是销售自己，把个人的影响力发挥出来，让受众认可，并为之买单。

通常来讲，构建一个社群需要70%的精力，因为要想清楚做什么，进行顶层设计；运营社群可能会花20%的精力，主要是找人，人找对了，就容易运营；至于商业变现，只占10%的比例，只要前两项做到了极点，不用去跑商务和渠道，所有的资源会主动和你连接。

以上就是社群运营的系统法则。从初心到变现，既是一个按层次和步骤来实施的过程，又是结合在一起的系统化整体，领悟到这一点，社群运营中遇到的问题便会迎刃而解。

第六章

社群媒体的商业化

如今，人们在行为选择上越来越以价值观为导向和兴趣为导向，很容易便会自然划分成各式垂直群体。而伴随着微信在“连接一切”的道路上强势推进，作为一种有效地将人进行组织连接的方式，社群便应声而起，并越来越被重视。

一个社群找到了自己的价值点，也通过活动提高了社群活跃度，但对于运营者来说，不可能长期无偿去做这些事。社群不是一个慈善组织，是可以进行商业变现的，但必须建立在为成员提供不可代替的价值和满足成员之前没有满足的需求这个基础上。

面对一种新兴事物，商业嗅觉灵敏者自会第一时间探索如何将其进行商业化。社群也是如此，人们大谈社群商业和社群经济，社群广告、社群电商、社群收费已被众多的社群主运用在自己的变现道路上。

6.1 社群电商

场景一　私蜜电商

社群电商是社群经济的重要表现形式，根据形态不同又可分为两种：一种是先经营社群，再通过电商实现变现；另一种是已有电商平台，社群是其推广品牌和沉淀客户的重要途径。主要面向女性用户、主打高端生鲜产品的私蜜社群电商，走的是第二条道路，正式成立仅十个月，就成功获得天使轮 + Pre A 轮融资共 1000 万元。

1. 私蜜的诞生

私蜜创始人韦三水是资深媒体人，曾领衔创立《第一财经日报》北京新闻中心，出版有《中粮命运》《谁人不识宁高宁》等财经著作。2006 年辞职创业后，成立了一家广告公司“三十度空间传媒”。2014 年，他进行二次创业，创建了农产品电商公司“大食品”，主打中高端米面杂粮产品，走“2B +2C”商业模式，一方面针对中产阶级家庭用户，一方面和银行、保险、家用电器等企业合作，实行定向栽培。

大食品很快获得了 Pre A 轮投资，但在快速发展中需要进一步“延展空间”，因为米面杂粮虽是刚需产品，但消费频次比较低。于是，他们开始寻找消费档次比较高的产品，发现生鲜和蜂蜜是很好的选择。同时，社群在当时也已经兴起，团队意识到必须要抓住这个大势。

2015 年 10 月，大食品开始在内部用“私蜜”的品牌做生鲜产品，定位为女性用户，口号是“女人不仅要有闺蜜，还要有私蜜”。期间，大食品引进了一批石榴，本来是作为自尝用，但因为量太多，需要快速销售出去。他们采用了最原始的方法，去一个个社区做地推。

在地推过程中，因为要在微信上交易和售后服务，自然就形成了微信群，从 1 个逐渐扩展到十几个。运营几个月后，沉淀出了一批意见领袖，主要是一些妈妈，她们热爱美食、乐于分享，也喜欢参加活动。团队便和这些意见领袖们一起管理社群，让她们也把身边爱美食的朋友拉进来，社群迅速得到裂变。

三四个月的时间里，微信群已覆盖了上万人，并带来销量的成倍增长。2015 年 10 月，私蜜的订单额是 5 万元，11 月增长到 15 万元，12 月是 30 万元，2016 年 1 月达到 60 万元。韦三水感到这条路走对了，便和股东商量，将私蜜这条产品线分离出来，纯粹走社群经济模式，于 2016 年 1 月 15 日成立了一个大食品全资控股的子公司——北京私蜜空间电子商务有限公司。

可见，私蜜之所以做社群，一定程度上是被用户促发和引导的。韦三水认为，被逼到墙角所产生的反弹力，是最有能量的。只有到达某个情绪浓度所做出的决策，才是正确的。就像去超市一样，购买欲望会受到氛围的烘托，便很容易做出买单决定。而私蜜正是从用户身上看到了现在的社群大势，才坚定地沿这条路走下去。

2. 高黏度电商社群的打造

在社群时代，用户不再是孤零零的购物个体，而是活跃于各个圈层，根据兴趣爱好分割为诸多的群组或部落。曾经的用户和潜在用户不再没有交集，他们可以交流购物心得和体验，而商家可以将产品同时推广到各个社交平台，培养自己的客户群。

韦三水认为，传统电商的交易入口是建立在“门户＋搜索”的基础上，但随着人人时代的到来，会转变成“社群＋”模式。交易的核心也从冷冰冰的物转变到有情感的人，在共创合作的基础上，建立电商与用户之间的价值认同和情感连接。所以，社群不仅对消费者的习惯和行为带来影响，也颠覆了传统的电商模式。

围绕这个理念，私蜜构建起了一个系统的社群运营模式：

（1）产品驱动：产品本身的质量必须有保障，同时还要性价比高，这是用户信任的基础。

（2）内容拉动：围绕食物做信息传输，私蜜目前有三个相互协同的微信公号：“私蜜”和“食物社区”主做营销和信息复购，“私蜜食物社区”主做食物内容。

社群在早、中、晚向用户分享关于食物的知识、创意和想法。如有新品上线，首先用短的美文推出来，让用户产生兴趣，然后告诉他们如何做才是最好吃的，再鼓励大家晒出自己的厨艺，营造出浓厚的美食消费氛围。

（3）机制体系：要有一定的社群运维机制，它包括四个维度：第一个维度是产品、积分、奖励、福利等，这是基本面；第二个维度是活动、事件、创意策划，这是持续面；第三个维度是社群维护，这是键面；第四个维度是定向推拉，这是专项面。

(4) 线上“微信群 + 人 + 物”互享：微信群就是一个消费场景，像是一个小的超市，在这个虚拟的购物场所里，用户能看到彼此买了什么，分享了什么，体验如何，也可以和客服人员直接交流。在这种氛围中，潜在客户能产生一种消费情绪，当增强到一定浓度时，就会转化为具体的消费，用户在社群里，精神上会受到价值观的感染，物质上又得到了性价比高的产品，就会对社群产生认同感，帮助维护社群，同时也激励了社群要更好地为成员服务。

(5) 线下“活动 + 人 + 食物”分享：私蜜每个月都会举行线下沙龙活动，邀请社群里的达人，如咖啡达人、烘焙达人、刺身达人等为大家做分享，内部称其为“师团长大会”，相当于社群的 KOL 团建会。每次活动都非常热闹，参加的人大都是女性，有的还会带上孩子和她的丈夫，建立起了私蜜的口碑。也就是说，社群作为新兴的组织方式，群体中的个人不仅是消费者，还是传播者，是社群的火种。

这样一来，私蜜就通过“社群 + ”的方式，搭建起人与食物相互连接的纽带，打破了消费者与生产者、销售者之间传统的甲乙双方的关系，解放了一种社会生产力。此外，与社交分享不同的是，私蜜电商重在共享和互享，把社群打造为一个和谐的服务社区，大家可以享受到安全、服务、性价比等，还能互动交流，让每天的生活变得鲜活。“私蜜的价值观就是，让真实食物的芬芳和鲜活感染到每一个人”，韦三水说。

3. 在社群基础上构建商业模式

运营好社群是提高电商业务的基础，但要想真正把社群成员转化为长期的客户，并让他们帮助推广电商的品牌，还需要建构起可行性的商业模式。私蜜在这方面也形成自己的理论体系：

（1）一个中心：坚定地走社群电商道路。

（2）两个基本点：生活场景社群和办公场景社群。所谓生活场景社群，就是大家在微信群里，以团购方式购买日常所需的生鲜产品，这也是最基本的销售模式。除此之外，私蜜还开始构建办公社群，将在2017年布局七八百家办公社群微便利服务，让上班族能够方便地享用高品质的生鲜，立志做办公社群微便利的“7-ELEVEN”。

（3）三个要素：一是产品，性价比要高，出货量要大，确保利润；二是内容，保证输出丰富的信息，确保用户黏性；三是事件，策划多样活动，确保社群成长。

（4）六个杠杆：两个社群场景各自与三个要素叠加，就形成了六个杠杆。每个杠杆都可以进行运营，形成持续性，未来的空间会越来越大。

简要来说，私蜜的“社群+”商业模式就是以微信群为入口方式、以优质食物为拼团产品、以适合的内容为情感黏性、以私蜜线上交易平台（手机WAP端）为工具，最终形成人与人之间的消费和连接，即“微信群+人+食物”。

以2016年11月1日—13日的线上运营数据为例，私蜜社群用户直接开团率为85.3%，平均每团跟团订单数3.12个，群用户直接产生的交易订单占线上实际交易总订单的45.25%，群用户复购率达31%。产品平均毛利率20%，平均客诉率1.98%，平均货损小于2%，平均获取群用户成本2元/月。

按照这组数据，私蜜社群的电商业务在2017年开始进入每月订单总额千万级别的阶段，社群直接消费用户“10万+”，而且都是与传统流量有本质区别的铁杆用户。“社群+”运营模式的重要性与商业力得以淋漓尽致的体现。

4. 社群电商的未来在哪里？

在社群经济这种新兴的模式中，个体不仅是消费者，也是潜在的合伙人。社群搭建起人与人之间的纽带，打破消费者和生产者的固有定位，重在共创和共享，从而解放和发展了社会生产力。这种基于强关系的人人时代的来临，让传统以物为核心的电商模式逐步转变为以人为核心的模式。

私蜜所走的社群电商之路，从本质上来说，是基于三同原则（同类、同好、同向），通过三个关键维度（内容化、归属感、场景化）进行转化，打造一个中心（产品和服务的品质）和一个用户服务系统，再通过“社群 + C2B 集客”的方式构建本地化的“食物社区”，最终实现社群规模和核心产品用户的快速裂变增长。

尽管如此，并不是所有的社群都适合走电商之路，或者所有的电商都可以通过社群进行转型，两者在未来都有很多挑战：

(1) 先有社群，再做电商，变现中可能会与用户产生分歧，主要问题在于土壤和基因不同。比如，有的群是以兴趣爱好为基础，变现比较困难。而私蜜是以食物这个刚需产品为核心，天然就有变现的属性。

(2) 增加社群黏性的根本是内容的拉动力，所以社群要做好，需要生产内容的高手。

(3) 社群本身的成长与活动策划和创意连在一起，在这方面也需要更大的投入。

场景二　贝贝拉姆

1. 半个月构筑“10 万 +”社群

2016 年 8 月，贝贝拉姆创始人邢品玲，在微信发起了全国范围的社群大裂变，她建立了第一个社群，邀请了 200 位社群主，一天之内，这些社群主又裂变出200多个群，每个群都在300人以上。15天内，一个“10万+”社群就这样产生了。

这次社群裂变被邢品玲称为“烧脑DNA社群思维”，参与者主要为实体母婴店店主，还有各行各业的企业家以及个体老板。“烧起脑，一起嗨”，这个社群思维大裂变，实际上是邢品玲运用自己成功裂变“贝贝拉姆”孕婴社群的经验，对线下实体企业进行移动互联网改造，让所有人共享社群红利，让实体母婴店主和企业家能够适应时代变化，共同发展。

如今“烧脑DNA社群”已经裂变出10万人的大社群体量，并成立了500人讲师团队进行100天的权威授课，探索社群和实体经济的新玩法。而在此之前，邢品玲的“贝贝拉姆”已经运用社群思维，创造了孕婴市场里的奇迹。

2. 一年时间，成为全国规模最大母婴社群

贝贝拉姆是邢品玲创立的一个母婴连锁机构。2015年中旬，贝贝拉姆与众多实体母婴店开展合作，运用网红经济和社群营销思维，在全国各省成立分公司运营中心，实施全国范围的加盟工作。

截至2016年9月，贝贝拉姆的加盟店，从最初的300家已经发展至3000多家，线上的加盟老板群6个，店长群、员工群、团队群辐射过万人，顾客高达上百万人。

在这一年多的时间里，全国贝贝拉姆的加盟店店主都集结在社群中，打造出了一套属于自己的社群营销理论，并形成了以邢品玲为精神领袖的贝贝拉姆社群体系。互联网时代原本生存艰难的实体母婴店，在贝贝拉姆社群思维的带领下全部起死回生，而贝贝拉姆也成为全国发展速度最快、规模最大的母婴连锁机构。

3. 用社群裂变思维改变线下实业

用社群思维来做贝贝拉姆，展现出邢品玲对时代的高速适应和精准把握。

贝贝拉姆母婴连锁机构成立于2012年，其前身是成立于2004年的河南平顶山爱婴岛孕婴会馆。在贝贝拉姆筹备之前，邢品玲就意识到：孕婴行业持续火热，将来会有更大的发展潜力，但只凭单个的店铺无法拿到优质的货源和优惠的价格。所以，邢品玲在当时就有把自己的实体孕婴会馆发展成为一个抱团组织的想法。

后来，考虑到贝贝拉姆线下商学院培训一直做得很好，邢品玲决定把线下商学院的模式复制到线上，用微信做线上培训。如今，贝贝拉姆整个机构的培训课程、政策、通知、企划全部都直接在线上通过微信群来完成。线上学习、分配工作，线下展示、销售产品，线上与线下的有机结合，极大提高了沟通效率和工作效率。

她希望通过社群“让所有跟着自己的实体店老板都活下来，让天下没有难做的生意”。而如今，邢品玲确实已经帮助许多母婴实体店老板重生，扭亏为盈。

邢品玲的目标是在2018年年底，贝贝拉姆旗下的加盟店能超过10 000家，让这些有理想的实体店人一起强大，一起为社会做点什么。

4. 精准运营构筑商业帝国

随着贝贝拉姆加盟店和顾客的不断增多，邢品玲也探索了一套社群管理体系。

她将全国的社群以省份为单位进行划分，除了老板群、店长群、员工群外，还将顾客群细分为了三类：0～1岁的育儿群、1～3岁的养育群、3～7

岁的成长群，根据孩子年龄大小不同，精准定位顾客需求并进行后续的推广和维护工作。

同时，在加盟店老板与员工培训方面，采用线上和线下同时进行。依旧以省份为划分，围绕整个行业的专业知识、企业文化、员工心态等，提前确立一年的培训目标。在线下，会定期举行三天两夜的大课培训；线上，则会设立群主、副群主、生活委员等职位，分工明确，大家轮流当家主持，组织线上授课。

同时，作为社群中的精神领袖，邢品玲也致力于将自己打造成一个“网红 IP”，这里所说的“网红”不是直播软件上的主播，而是用人格化标签让用户产生信任，并愿意自发进行传播的社群网红。

邢品玲及贝贝拉姆的加盟代理，都是这样的社群网红。他们极度勤奋，往往在用户起床前，就已经准备好了文字内容，开始踏上分享的征途。“在你睁开眼睛，拿出手机的时候，贝贝拉姆人已经开始干活了。”邢品玲用这种方法，培养用户的阅读习惯，用走心的内容和有趣的行为，通过微信这个工具与用户产生互动，建立极强的黏性，并最大限度提高了销售转化率。

未来，邢品玲还计划将所有的妈妈用户都裂变为贝贝拉姆的参与者，让妈妈一起参与育儿的快乐和分享的快乐，当然，这些妈妈用户们也可以自愿去传播贝贝拉姆的产品。如果把所有用户都吸收到贝贝拉姆社群中进行运营，贝贝拉姆的社群思维几乎可以传达至全国的绝大部分家庭，影响力将是十分可观的。

“我们想做的贝贝拉姆，是可以精确、快速、高效地将我们每个人的潜能激发并对接起来，用社群大数据为手段、以利益分配合理为驱动、以自我实现为效率、以荣辱与共为极致，把社会各资源嫁接起来，成为一个真正完整的母婴生态圈。”

邢品玲告诉我们，在她看来，母婴室特别适合做社群的行业。因为每个妈妈都希望给自己的孩子最好的东西。做好母婴产品，需要爱、呵护、责任和信任，而社群是一群有责任心的人聚在一起，能用最真诚的态度建立起连接的信任。

目前，贝贝拉姆在没有淘宝、京东等电商巨头介入的情况下，已经将近百万的顾客连接在一起，每个月加盟店的增长速度都维持在400家左右，如果实现2018年加盟店破万的目标，收入则不会低于数百亿元。

作为一个奋战一线的企业家，邢品玲认为，移动互联网给传统企业和线下企业带来的冲击无疑是巨大的，但只要具有学习力和成长力，拥有强烈的责任心和执行力，不断试错调整，则一定能找到适应时代发展的途径。在电商寡头化的当下，社群是一个有待探索的领域，如果能够将上百万人聚集在一起，进行精准化运营，这必将是一个可与电商寡头抗衡的移动商业帝国。

场景三　“私席 Seaty”

2015年2月28日，当王蓓在时尚公众号“私席 Seaty”上发出自己的第一篇文章时，便告诉自己：“从今天开始，只做自己喜欢的事情，只为自己而活。”那一天，王蓓36岁零231天。

在此前的36年里，王蓓的人生几乎可以用“安稳”两个字概括。从武汉大学新闻系毕业后，她顺利进入国内一知名媒体的时尚部门，从销售员做到管理者，再到一本时尚刊物的出版人，光鲜的职业、体面的生活，这无疑是许多女孩梦寐以求的生活。

然而，这一切随着2014年传统媒体的愈发衰落发生了改变。当时，正在美国度假的王蓓，看到了老板在微信朋友圈下面的留言——“我准备把杂志停了”，36 岁的王蓓，就这样“被失业”了。

1. 人生从什么时候开始都不晚

离开传统媒体后，王蓓决定做自己热爱且擅长的事业，那时候微信公众号又正好处于热门期，于是，王蓓找来一位内容合伙人，专注时尚生活方式的公众号“私席 Seaty”就这样诞生了。王蓓希望通过“私席 Seaty”来传达自己的时尚理念，以及独立自爱、积极乐观的生活态度。

做公众号的过程并非一帆风顺。私席 Seaty 在 2014 年 11 月开始更新，两个月后，王蓓认为，若想将公众号做好，内容上除了追求精神与格调，还应更为接地气，更为实用。由于这些想法上的分歧，内容合伙人离开，“私席 Seaty”开始由王蓓独立运营。

15 年传统媒体的专业训练，再加上对时尚的热爱带来的敏感度，王蓓回想自己 20 年的“美美美，买买买”的时尚经验，开始创作一些真正实用且接地气的文章，例如《巴黎最会穿衣的女人教你九步时尚进阶》《大小姐的东京非典型 I 购物记》《经典白衬衫实用大全》等，果不其然，读者反馈很好，粉丝量也开始快速上涨。当奢侈品牌香奈儿在国内降价时，王蓓在“私席 Seaty“推送的《香奈儿国内大幅降价，奔走相告吧》使她成为第一个报道此消息的“时尚博主”，并带来了 8000 多位粉丝。这次经历给王蓓带来了极大的信心，也开始想把“私席 Seaty”当成需要全身心投入去做好的事业。

王蓓很早就意识到，公众号应该是一个自媒体人个人风格的集中体现，需要带有强烈的个人标签。随着时尚类公号的逐渐增多，王蓓一直在思考如何实现“私席 Seaty”的差异化。作为一个坚持了 7 年的“健身达人”，她开始尝试在公众号推送自己的健身心得分享。这些文章很快得到粉丝们的欢迎，提问数量非常多。考虑到微信公众号回复的不便，王蓓产生了建立社群的想法。

从 2015 年 2 月至今，短短一年多时间，“私席 Seaty”公众号已经拥有了 30 多万粉丝，文章平均阅读量达“4 万 +”，健身打卡群 200 多个，成员 1 万多人。

2.“服饰 + 护肤”，两条产品线满足成员的美丽需求

如今，王蓓已经确定了“自媒体 + 社群电商”的模式，她开辟了服装和护肤两条产品线，以满足粉丝及社群成员的变美需求，同时也获得了较好的现金流以支持这份美丽事业。

服装品牌：私席大小姐。淘宝店铺，与原创设计品牌阿卡合作，主打 600 元左右简洁优雅风格的职业休闲装。私席大小姐的服装在讲究设计感的同时，也强调服饰的细节与质感。王蓓还会在每件服饰的页面中写上搭配建议，许多认同王蓓审美观，喜欢她的穿搭方式的粉丝可以直接在网店购买“同款”，不仅省去了挑选的烦恼，也能穿出非常好的效果。

护肤品牌：仙地。仙地品牌在“私席 Seaty”每周三护肤保养专栏的基础上成立，与中国台湾专业的研发团队进行合作，主打天然有机护肤品，目前还处于内测期。由于已有了 1 万多名高黏性社群用户的积累，仙地产品上线后，打算走一对一跟踪服务路线，为用户提供专业的健康肌肤保养及问题肌肤的治疗。

虽然已经有了社群这样一个庞大的流量入口，但王蓓并没有在社群内投放广告。她希望带给粉丝和社群成员专业的服装穿搭和护肤经验，在分享的基础上供大家自由选择。在王蓓看来，用自己高度自制和爱分享高品质生活的特质建立起来的信任感是最重要的。也就是说，用自身形象为品牌背书，服饰与护肤品不仅是商业产品，更是王蓓想要传达的一种爱自己的生活态度和精致高雅的生活方式。

3. 在“私席 Seaty”，与更多美好相遇

“私席 Seaty”所推崇的时尚不是对买买买和对奢侈品的盲目追求，而是对美丽的身体、美妙的衣品、美好生活的热爱，甚至让人于最平淡的生活中，例如，在打出一杯美妙的咖啡、为家人准备一顿丰富的早餐中，都能找到让自己放着光的事情。因为王蓓坚信，维护好与自己的关系，是处理其他关系的基础，只有足够爱自己，别人才会更爱你。同时，她还坚信吸引力法则，你是什么样的人，就会吸引到什么样的人与你同行。因此，在“私席 Seaty”，总是容易与许多美好的人和事相遇。

例如，2015 年王蓓在布拉格和布达佩斯旅行，都曾遇到了“私席 Seaty”的群友，其中有个姑娘甚至在自己 18 岁的时候跑去非洲贫民窟做了 1 个月义工。也有许多社群成员会向王蓓反馈入群后自己生活发生的改变，王蓓还记得一个女生通过坚持健身让自己变得更美，性格更加开朗，最终收获了理想的爱情，与男神第一次约会后甚至还急着向王蓓分享心情。45 岁的辣妈 Sherry，在王蓓的影响下开始更积极地进行健身，如今的身材看起来仍如少女。她也是“私席 Seaty”价值观的认同者，取悦自己，待人如己，渴望保存自己美好绽放的每一个瞬间，甚至在每天早上送孩子上学时，她也必定身着优雅的裙装或套装。

社群成员的反馈给原本贪图安逸的王蓓带来了对事业的渴望，因为她热爱这种每一份投入都能获得回报的感觉。同时，她也从“被失业”华丽转身成为时尚圈颇具影响力的自媒体人。而对社群成员来说，“私席 Seaty”无疑可以给看似烦琐压抑的日常生活撕开了一道口子，让充满美好与力量的光线照射进来，使生活变得美丽、精致、生机勃勃。这种人与人碰撞所产生的火花，也正是社群分享带来的魅力。

2014 年前后，有赞、微店、微盟等一系列基于移动互联技术的电商平台蓬勃兴起，还有一些号称是“社群模式”的企业兴起，如罗辑思维、吴晓波频道等。在此之前的 2011 年年初，微信等移动社交产品推向市场，不断分流 PC 端用户，而无论是继续抢占 PC 端剩余的流量，还是将移动端的流量引导到 PC 端，其后果都是流量费用成倍的增长。以青山老农和三只松鼠为例，一手开发自有品牌的产品、一手以线上线下的社交聚拢用户，如此一来，既省去了传统快消业高昂的渠道成本，也省去了 PC 电商巨额的流量费用，“社群电商”所追求的“一键到 C”便得以实现。比如，吴晓波书友会所打造的吴酒，199 元一瓶，仅 33 个小时，第一批 5000 瓶就已售罄。而其所开的“美好的店”微店，有图书、日用、茶酒等丰富的品类，主要是面对中产阶级的中高端产品。此外，十点读书的电商产品以图书和文创类物品为主，“灵魂有香气的女子”的电商产品以女性用品为主，都是根据各自社群成员的需求打造的。

社群电商是社群经济的重要表现形式，是传统电商和移动电商的一个深化延伸，它是一种商业意识形态的觉醒，是社群经济线上的表现形式，从某种意义上来说，社群电商是一套客户管理体系，通过客户的社群化充分激活企业的沉淀客户，它抛弃了传统的客户管理方式，将每一个单独的客户通过社交网络工具进行社群化改造，利用社会化媒体工具充分调动社群成员的活跃度和传播力。基于用户与用户之间关系架构的社群电商，不仅具备传统电商和媒体属性平台，也具备传统电商和媒体属性平台所拥有的流量和价格，并且独具信用和经验这两个当下乃至未来会成为主导的商业密码。社群电商模型不仅适用于传统电商，也适用于移动电商，甚至它还适用于仅仅通过社交工具进行销售的微商。

6.2 平台付费

场景一　168大数据社群

1. 人才交流与资源整合平台

近年来，科技的发展带来了社交网络的发展，各种信息数据呈现井喷式增长，这给传统企业的数据管理带来了挑战。一方面是不知道如何管理数据，另一方面是对积累起来的数据不知如何运用，如何挖掘里面的价值。

以前所谓的数据主要是指各企业内部的数据，一部分可能是通过用户调查方式获得的，另一部分是企业经营数据，比如进销存、财务、HR等业务数据。企业内部之间的数据是孤立的，维度比较少。大数据技术出来之后，增加了数据源的多样化，比如图片、音频、视频等，都可以拿过来进行分析，或者通过爬虫技术，直接从网上搜集数据源，既节省了调研的人力，也提高了效率。也就是说，用户在互联网上的一切行为，都可以沉淀为数据，便于企业了解用户的全面信息，提供精准数据，进行精准营销。

正是在这种背景下，大数据的从业人员也开始增多，他们既需要不断地学习，了解行业信息，也需要与同行进行交流和合作。而 168 大数据社群（以下简称 168 社群）就是专注于连接大数据领域的从业人员和企业，将内容与服务相结合，建立了一个向成员提供技术、合作、分享、交流的平台。

社群创始人乔帮主介绍说，做大数据分析的人，有平台管理员、建模师、数据分析师、产品经理等，以男性为主，大都是理工科毕业。他们都很低调，比较务实，交流的话题也很专业。新人进群后，会先了解他们的身份、行业、技术水准等基本情况。非这个领域的人，即使进来也很不适应，行业本身就是一个社群门槛。

目前，168 社群以 PC 端网站、公众号和微信群为承载平台。网站是对大数据领域的信息大整合，公众号提供专业的内容和职场机会等，微信群主要用于交流。为了便于更好地互动，微信群根据人员属性分为三类：大数据技术与应用群，企业家群，大数据公司的创始人、总裁以上级别人群。各平台共聚集了 10 万多名用户，国内绝大部分做大数据的企业基本都与社群有过接触。

2. 从职场招聘到全平台服务

乔帮主原名李相桥，毕业于福州大学软件专业，先后在中华网、汉端科技等公司从事数据平台研发和管理工作，负责过国家海洋局、王府井集团、李宁集团等企事业单位的数据分析平台建设。他深刻意识到，数据对企业至关重要，停机 1 分钟，就可能造成巨大损失。

工作过程中，他也接触到很多从事数据库、数据仓库、数据安全、商业智能等方面的人，一直想成立个社群，供大家交流。2008 年的时候，他曾建立了一个论坛，但因为没有太多时间进行精心维护，暂时关闭了。

2014 年，大数据概念突然火起来，他觉得这是一个机会。他先是建立了一个微信公众号，专门为大数据行业的人做职场服务，发布招聘信息、职场干货等，提升他们在求职和工作方面的经验技巧。

2014 年 7 月，他又成立了 168 大数据社区网站，名字由几个吉利的数字组成，类似于 360、1688（阿里巴巴在中国香港上市的交易号）等企业的取名方式。网站主要是传播行业的信息咨询，并邀请大咖到社区做分享，促进从业者进行深度交流学习。同时，还邀请大数据相关企业和厂商入驻，搭建合作机会。

2015 年 10 月，乔帮主从公司辞职，成立慧桥科技公司，真正把大数据平台作为一个事业来做，并开始建立 168 大数据社群，用专业人员进行运营，逐渐积累起了大量的行业资源。

可以说，168 社群最初是从职场招聘起步，价值点在于为用户提供工作机会，而后在发展中又逐渐加入了社交、内容打造和资源对接等业务，不断扩大价值链的范围，最终是朝一个学习型的大数据产业生态服务平台的方向发展。

3. 以服务拓展带动商业变现

大数据产业的发展和大数据人才的培养是国家的重点项目。2016 年 5 月，在贵阳市举办了国际大数据博览会，促进了大数据研究的成果交流和产业落地，这也为 168 社群的发展提供了很好的契机。

目前社群的商业模式主要围绕“内容 + 服务”来展开，内容包括分享、行业新闻、应用案例、创业故事等，以文章的形式发在网站和公众号，是成员了解大数据行业的一个窗口。当内容将用户吸引进来后，社群进一步通过服务来为他们创造价值，并实现社群变现，主要方式有：

（1）主办或协办活动。有时候是自己主办，有时候联合其他单位协办，会有赞助费、门票等收益，不过更重要的是为大数据从业者提供交流、分享、合作的机会。比如，2016 年 6 月 18 日，社群就在中关村左岸公社举行了一场主题为“2016 金融大数据掘金之旅高峰论坛”的活动。

（2）职场招聘平台。因为对大数据从业人群，尤其是技术人才，有精准地认识与了解，所以社群能够为企业提供精准的人才匹配，平台也根据相应情况收取服务费。

（3）企业咨询和资源对接。如果企业有大数据业务方面的需求，社群可以直接组织成员为他们提供相应服务，或者是为企业对接商务融资。

接下来，乔帮主还计划在 168 社群的基础上，进一步拓展人才服务、职业社交、大数据科研等业务。“当然这些服务，很多不是我们自己直接提供，而是与行业内的知名企业进行生态合作，共同打造专业的大数据服务平台。我们想把服务做深，提供持续的价值，让社群获得长远发展”，乔帮主说。

场景二　胡柚塔

1. 北漂“IT 男”变身滑翔伞教练，在这里遇到真爱

在重庆南川区金佛山的滑翔伞飞行基地，你总会看到一个忙碌的身影，一边在训练学员，一边又在协调场地。他就是重庆滑翔伞圈子的领头人——王源源。

王源源的主业是机器人工程师，手握几项机器人专利技术，而做滑翔伞则完全是出于兴趣。2004 年，他在北京工作时接触到滑翔伞后，便对这项活动欲罢不能。2012 年，他厌倦工作，从北京辞职回到重庆，发现重庆并没有专业的滑翔伞场地与培训人员。几经筹备，他最终租下了重庆金佛山的一个山头，打造了一个自己的航空运动俱乐部。

在工程师、滑翔伞教练之外，王源源还有一个身份，就是重庆本地青年社群“胡柚塔”的核心成员，参与胡柚塔社群的课堂分享。在胡柚塔社群里，他还遇到了自己的另一半，一位从事博物馆 MOOC 教育，擅长用新技术改变博物馆陈列的女生。

2. 不那么正经，但绝对有趣

胡柚塔社群中，像王源源这样精于某一领域，同时又热爱分享的小伙伴有很多。花艺、健身、宠物、房产、天文、考古，甚至人类基因研究，一切有趣的知识都是胡柚塔里的年轻人热衷于探讨的话题。

除了热爱分享，他们还喜欢用亲手制作的小物件给生活带来一些不一样的改变。串珠、皮具、木工、纸雕、铁艺都是胡柚塔里每周例行的手工活动。

这是一群充满理性思维和极客精神、对世界充满好奇而又闲不住的年轻人。他们在胡柚塔输出知识，打破认识局限，用自己的方式尽力去寻找最有智趣、最有态度的生活方式。胡柚塔的名字源于谐音“忽悠他”，这种诙谐的取名方式，也正表达他们作为一个开放多元的兴趣社群，聚集着一群不怎么正经、但绝对有趣的伙伴。

3. 找一群有趣的人，用社群碰撞出更多可能

创始人之一 Nana 介绍道，胡柚塔的创建源于她在豆瓣上发的一篇帖子。或许是因为生活的单调，当时的她突然希望能够认识一些有趣的人，一起做一些有趣的事。但究竟做什么有趣的事，她还没有具体的想法。于是，她决定先把这些有趣的人找到。

2013 年 4 月，Nana 在豆瓣同城小组正式发布了一个招募贴，希望找到一帮有趣的年轻人，大家一起去尝试生活的多种可能性。帖子发出后一个星期，Nana 收到了 400 多位网友的留言。最后她与其中的 8 位网友见面，神奇地发现，大家几乎都来自不同的领域，拥有不同的职业技能，例如运营、文案、设计、计算机等，他们凑成一个团队，正好有能力去策划和实施自己的创意和想法。

于是他们开始着手举办一些线下活动，但最初的活动形式，是非常传统的读书分享会。随着活动举办的次数越来越多，他们开始思考，有没有一种更有趣的活动形式，将更多的人吸引过来？

3 个月后，他们关注到果壳网的万有青年烩，一致认为这是个特别棒的知识分享形式，同时能聚集很多接地气的“草根”青年。于是，他们决定以万有青年烩的活动形式为开端，将胡柚塔做成一个重庆本地青年的活动交流平台。

在当时的重庆，并没有类似于万有青年烩这类的演讲性知识分享活动。胡柚塔举办的第一期“万有青年烩 at 幸福文化课堂”吸引了 200 多人，并引起重庆市九龙坡区文化委的关注。2014 年 5 月，胡柚塔在重庆市九龙坡区图书馆有了自己的活动基地。

如今，作为一个本地青年社群，胡柚塔的长期活跃用户有 500 多人，每个季度举办的大型活动则可吸引上千人。

4. 用线下活动打造强连接，拟人化运营与成员产生共情

目前，胡柚塔主要围绕多种优质的线下活动来打造社群成员间的强连接。

（1）胡柚派。这是一个以“小型规模、特定主题、精深内容”为特点的生活中各类趣味分享和体验活动，同时也包括与全国各文化组织、品牌商业合作开展的各类活动。

（2）胡柚剧场。每周放映国内外独立导演人文纪录片、优质科学纪录片、优秀独立电影等。

（3）烧脑俱乐部。这是烧脑游戏爱好者的大本营，善开脑洞“神经病”的聚集地，每周进行原创桌游游戏、解密游戏及现金流游戏。

（4）胡柚实验室。倡导“科学与创意”相结合，由专业技能达人带领用科学的实验方法，将创意想法实现成作品或产品的科学创意技能项目活动。

（5）万有青年烩 at 幸福文化课堂。这是上文提到的胡柚塔核心活动，由果壳网授权万有青年烩爱好者自行组织，从策划、内容到执行，全部由申请团队自主完成。旨在以个人的观点阐释事件，以精辟的视角观察世界。主讲人每人用 7 分钟向现场观众分享自己的技能、知识和经验。胡柚塔的伙伴们认同任何一种技能都可以被学习，任何芸芸众生中的个体都能够传授属于自己的技能。

此外，胡柚塔还会在每个季度举办大型的胡柚市集，在胡柚市集里，除了同时进行以上几种活动外，还有大量的创意手工好物供挑选和购买，让用户遇见同好，并体验一种更有趣、更好玩的生活方式。当然，活动收费和市集商品贩卖，这也是胡柚塔社群变现的两种主要方式。

未来，胡柚塔还会开发更多的线上内容，例如短视频、优秀的 Geek 及手工项目软文和互动游戏，并对另外两个微信号“胡柚塔 ai”和“胡柚实验姬”做一些人性化和拟人化的改变，将胡柚塔做成一个真正能够与成员发生共情的虚拟的人。

场景三　“剽悍一只猫”

2016 年 12 月 13 日晚上，自媒体人“剽悍一只猫”在“一块听听”做了年度分享，主题为《普通人快速崛起的十大狠招》，报名人数近 7 万，收入过 10

万元。

翻开“剽悍一只猫”的履历，我们看到他曾花 16 个月时间学习演讲，带着 16 个编织袋的书从二线城市到上海追逐理想，曾独立采访过 100 位大神级牛人。如今公众号粉丝 60 万，收费社群 1500 元一期。为此，150 幂特意专访了“剽悍一只猫”，可以看出在他走向成功的过程中，社群起着不可替代的作用，既是他人生转变的出发点，也是他正在践行的方向。

1. 社群带给人生更多的可能性

“剽悍一只猫”大学毕业后，当过英语老师，讲课时很在乎学生能否听得懂，喜不喜欢他的课，经常进行换位思考，很注重学生的需求，这为他后来写文章时的定位和风格奠定了基础。

2015 年年初，他加入了《自控力》一书的编辑泽阳老师创办的“自控力 Lab”。这是他第一次加入社群，接触到了各种各样的人，大家在群里互相鼓励打卡，交流心得感悟，营造了浓厚的一起进步的氛围，让他长了不少见识，感觉非常好。

之后，他又陆续加入了很多社群，并开始学别人在网上做分享。有一次，他在十点读书会微信群分享了自己学演讲的故事，题为《400 天，演讲达人养成记》。整理后的分享稿发在了十点读书会的公号和他个人的简书上。深圳趁早社群的一个成员吉吉发现文章后，感觉“剽悍一只猫”很符合趁早的定位，便邀请他加入了写作打卡群。

写作打卡群为期 21 天，成员每天读一本演讲与口才类的书籍，然后写一篇读书笔记发到简书上，再把链接发到群里。“剽悍一只猫”写的文章中有两篇阅读量很高，并有大号请求转载。这件事刺激了他，再加上当时自媒体热潮兴起，他便在 2015 年 12 月 27 日注册了“剽悍一只猫”的公众号。剽悍意为灵活而勇敢，猫寓意经得起折腾，这也是他对自己的期待。

回顾这段经历，剽悍一只猫认为社群带给他的价值在于：①打开了视野，见识了生活更多的可能性；②在社群中遇到了很多贵人，这些人对他的帮助非常大。③获得了很多突破自我的机会。“我想，如果当初没有加入那些社群，没有知道那么多可能性，没有认识这些人，我也许还在坐井观天吧。”因此，社群也是他《普通人快速崛起的十大狠招》中的重要一招。

2. 一群“情商过关的优秀陌生人”

2016 年元旦，剽悍一只猫给自己定了一个年度目标，要采访 100 个大神级牛人，写 100 篇人物访谈，比如萧秋水、雾满拦江、李尚龙等作家都成为他的采访对象。这些文章发布在公众号上，吸引了很多读者。同年 5 月，公众号粉丝达到 10 万人，他开始筹划建一个自己的付费社群，一方面是想通过收费来筛选种子用户，团结有诚意的铁杆读者，一起学习成长；一方面也考虑到这是自媒体变现的重要渠道。

社群名为“猫的剽悍江湖”，简称“猫群”。“剽悍一只猫”根据自己的成长经验，为社群确立了“读好书，见牛人，起而行，专业一”的价值观。他认为读书对于写作水平的提高“居功甚伟”；而牛人是一本本“活书”，能让你学到更多东西；“起而行”的意思就是“不去做，然并卵”；但不管读了多少书，见了多少牛人，有了多少行动，要想真正成功，还需要找对一件事，专注地去做。

为了真正找到自己想要的人，达到学习效果，“猫群”在拉新时就确立了严格的社群门槛。首先是会员费，第一期是 299 元，第二期 399 元（这两期承诺的服务期为 3 个月，实际为 5 个月），第三期 1599 元，服务期 5 个月。其次还要满足几个条件：①不要熟人，只招陌生人，提倡大家走出舒适区，和优秀的陌生人打交道；②乐于分享的人，成员本身要有分享的价值，并且愿意分享；③情商过关的人，杜绝“伸手党”等闲杂人员。用一句话来解释就是“情商过关的优秀的陌生人”。

想加入社群的人员需要发一份自己的简历，包括个人姓名、联系方式等基础信息，以及个人的成就事件、读书情况、加入社群的理由等。社群经过筛选认可后，再把成员拉到学习群里。三期下来，一共有500多人加入猫群。他们大多是30岁以下的年轻人，在互联网上比较活跃，想要打开视野，见识更多的可能性。

可见，从社群中成长起来的“剽悍一只猫”，在建群的时候，也精准地把握了社群的属性，那就是通过价值观引导和社群门槛把控，找到志同道合者，然后才能一起为共同的目标努力。正如一位名叫“蜜丝赵”的社群成员的感受：“如果渴望是动力，猫群就是孵化基地。”

3. 关于社群变现

关于社群运营，“剽悍一只猫”认为最困难的就是了解并满足大多数人的需求，最关键的是设计好能调动大家积极性的模式。所以，“猫群”在具体的组织过程中，也紧紧围绕这个理念来丰富方法。

社群每周至少有一次大咖分享，一般是安排在周日的晚上8点，让群员们学东西，长见识。此外，从第三期开始，本群的成员也可以申请给大家做分享，只要内容有足够价值，就会获得批准，并且社群会付给课酬（目前是800元/次）。

社群每个月会举行一个主题训练营，先设置一个门槛，过了门槛的人可以免费加入。比如写作训练营，大家在一定时间内新写三篇文章，分别是关于一个人、一件事、一本书，完成者才有入营资格。然后，社群会请专业的培训老师来讲课，教大家如何提高写作水平。

之后是为期 10 天的写作打卡，每个人交 200 元押金，坚持满 9 天的，押金退回，不满 9 天的，押金没收。同时，社群会安排点评官，每天点评大家的文章，帮助大家进步。

期间，成员的优秀文章会被选到社群公众号“剽悍江湖”上发布，并有稿费。另外，表现优异者，也会得到 kindle 之类的奖品。

很多社群的变现都采用的是会员费或者平台付费的形式。根据属性不同又体现为不同的样式：1. 作为社群门槛的入会费；2. 学习培训费用；3. 参加活动费用。比如李笑来的共同成长社群，年费从 1000 元起步，每增加 100 人就上涨 2000 元，最高达 28000 元。混沌研习社的线上会员费为每年 600 元，然后有线下课程报名资格，一堂课的费用在 1500 元左右。吴晓波频道在游艇上主办的 919 社群狂欢节，交费 919 元获得甄选资格，然后根据舱型不同，费用也从 3999 元到 29999 元不等。

6.3 产品/服务变现

场景一 “飞兽社区”

1.“飞去不可”的旅程

2015年2月7日，在章子怡36岁的生日派对上，汪峰求婚成功，终于登上娱乐头条。不过，在这个事件过程中，那架携带着9.15克拉钻戒的白色无人机，却抢占了不少风头，围绕其技术和应用，引起了广泛讨论。

对普通大众来说，无人机是新奇而高端的，不像手机那样是日常必备品，关注不多。但是，对于某些极客或摄影爱好者来说，它却有着无限魅力，甚至承载着生活梦想。2015年，三位80后航拍发烧友，开着车，携带着无人机，从北京出发，行至海南，再绕道西藏，前往新疆，最后又返回北京，全程3万公里。

一路上，他们用无人机拍摄各地独特的景观，比如河北大山深处的石头王国、黔东南的苗寨风光、神秘的海南蜈支洲等。这些地方，从平行视角只能看到一个侧面，但通过俯瞰的视角，就能产生一览无遗的震撼效果。同时，他们还用无人机拍到了不少珍稀动物，比如生活在悬崖峭壁上的白头叶猴；用无人机帮助当地的羊倌赶羊，发生了很多有趣的事情。

整个旅程被制作成14集纪录片《飞去不可》，在优酷视频独家播出，点击量达上千万。而出品这部纪录片的便是“飞兽社区”，它们通过这些优质内容，聚集了国内外大量的无人机和摄影爱好者，形成了该领域的垂直社群，并影响着更多的人爱上无人机。

2. 金字塔结构的成员分布

最早，无人机技术主要应用于军事、工业等领域，造价往往达到百万或千万级别。随着技术的进步，成本降低，近年来无人机的民用也开始兴起，越来越多的厂商开始涌入，着力打造未来“空中会飞”的智能机器人。

不过，现在的无人机行业，80%的市场还是在海外。国内最早的一批无人机玩家起步于少年宫的“航模一代”，而现在一些年轻的科技爱好者或摄影爱好者，开始进入无人机领域，喜欢更加新颖有趣的东西。

“飞兽社区”无人机的用户群为一金字塔模型，最顶尖的是厂商、专家、科研机构，他们的商业目的比较强，更看重社区能给他们带来什么，人数占1%；中间是无人机领域的从业者，如经销商、淘宝店主、航拍工作室等，他们是社区的核心用户，能够创造大量的内容，支撑着平台的发展，占19%；底端就是无人机的爱好者，更多是关注能索取什么，学到什么，但有助于提高社区活跃度，大概占80%左右。而在金字塔的底端其实是广大的摄影爱好者，无人机可能不是他们最大的兴趣，但他们会去喜欢它，因为要用它航拍。目前无人机在民用方面，航拍占90%的需求，比如好莱坞大片的航拍镜头，基本都是采用无人机来完成的。这批人在全国可能有上亿，未来转化成数千万的无人机用户是没问题的。

目前，“飞兽社区”在微信公众号、APP、PC网站等平台，已汇聚了25万用户，并形成了“有关、有趣、有用”的社群价值观。“有关”相当于社群门槛，也就是说社群的人和内容都要与无人机有关，只有这样才能引起互动，沉淀用户；“有趣”是社群文化，比如针对年轻人的特点，制作一些有意思的H5游戏，网站风格也偏卡通化；“有用”是社群价值，“飞兽社区”所提供的线上内容和线下培训，都能让成员获益。

同时，“飞兽社区”还有意识地针对不同用户提供不同的服务，比如对厂商和专家，主要提供媒体资讯服务；对无人机爱好者，提供UGC内容和话题交流；对普通的摄影爱好者，推出了一系列的小白教程，如“飞兽微课堂”。

正由于对成员有着精准把握，并形成了有体系的价值服务，再加上起步较早，“飞兽社区”已在这个行业占据了有利位置，未来的发展比较乐观。

3. 稳定地走社群媒体之路

社群是内容、用户和关系的集合体，因为航拍会产生大量的照片，无人机是天然的内容生产者，但这些用户之间想建立关系比较困难。以前主要是航模类的论坛，供大家在线交流，这对现在有极客范儿的年轻群体来说已经过时了，他们想要在更新的社群内活动。

负责运营过搜狐新闻客户端的李超，在离职创业的时候，就考虑到，“在互联网时代，任何一个有发展潜力的垂直领域，都会有一家互联网公司健康地存活。其中，做社区或社群媒体是最保险又最有想象空间的形式”。所以，“飞兽社区”便走了社群媒体之路，想要为这群无人机和航拍爱好者提供一个平台，让他们在生产内容的同时，又互相交流。

2015年4月，“飞兽社区”成立。先是建立了微信公众号，凭借本文开头所述的纪录片《飞去不可》等优质内容，吸引了最早的一批粉丝。之后，为了扩大社群规模，“飞兽社区”举行了一个“梦想合伙人计划”，在全国筛选出了300家优质的航拍工作室，进驻社区，成为种子用户。这些工作室有大量的素材和航拍经验，可以转化成飞兽社区的内容，而“飞兽社区”作为一个线上平台，能帮助他们更好地进行品牌露出和流量输入，比如对接航拍工作等。

2015年4月底，“飞兽社区”又推出了自己的专属APP，成员可以在上面组织约飞活动。8月，“飞兽社区”在线下成立了“飞兽未来培训学校”，为无人机领域培养技术操作人才，走高端路线，提供全套服务，通过率在98%以上，远远高于全国的平均通过率60%，这些毕业的学员自然也成为社区的核心用户。

10月，“飞兽社区”网站成立，集合了行业的新闻资讯、机型库、技能学习、航拍服务等内容，并专门分出社区版块，供大家讨论，打造成专业的无人机航拍航模媒体平台及爱好者论坛。对于很多新人来说，主要是通过搜索引擎进到“飞兽网站”，然后才接触到这个社群。

创业之初，团队预估无人机市场会有120万人到200万人数量，但做了一年，用户达到20万人的时候，增长开始趋于平缓。所以，无人机在中国还是一个比较垂直的小圈子。“飞兽”在发展中，思路比较清晰，稳扎稳打，专心服务好这一部分人，也就树立起了品牌，李超说：“我们想得比较清楚，每个阶段都有侧重点，不打无准备之仗，成立到今天没走过弯路。”

4. 线上与线下相结合的商业模式

社群的发展与运营密不可分，“飞兽社区”在这方面没有遵循特定的方法体系，而是根据社群不同阶段的情况，适时改变策略。最初，在粉丝增长期，“飞兽”组织了“100+社群计划”活动，以地域为标准进行人群划分，建立了多个微信群。但不同的城市，经济水平不同，无人机爱好者的人数也不同，有些群便不够活跃，小流量的群开始向大流量的群迁移，导致地域性没有那么明显了。

之后，“飞兽社区”以话题为标准来划分群，比如“六环内禁飞”话题，大家讨论如何进行申请可以在六环内使用无人机。新人经常进来请教，老用户帮助回答，一开始还比较热情，时间长了就不太积极，于是“飞兽社区”便专门做了教程。现在，“飞兽社区”采用以目的为标准来分群，每次就某一产品或某一主题进行讲解和讨论，不在乎群每时每刻的活跃，只要在谈正事的这一个点活跃就行了，这样便节省了运营成本。

同时，“飞兽”在运营中还采用了一些小技巧，比如无人机行业的用户95%以上都是男性，于是，社群的运营人员全部聘用女生，这样就能调动大家的互动积极性。“飞兽社区”的粉丝有一个特定的称谓——“兽丝”，他们把周边产品如T恤叫“兽皮”，也营造出了有趣的文化氛围。

由于无人机都是一些高净值用户，经济基础好，有能力花七八千元买一个机器，甚至好几个机器，这对社区的商业模式很有利。目前，“飞兽社区”的变现方式主要有两个：一个是线下培训学校，考一个AOPA机长证的学费是一万多元，因为走的是高端培训，本身成本比较高；另一个是线上服务，比如厂商宣传、承办活动、品牌植入等，不过社区接广告侧重摄影、旅游、科技等与无人机有关的行业。

对于下一步的规划，“飞兽社区”打算从两个方向突破：

(1) 在无人机的整个生态链，从研发到生产到销售再到维修，寻找能够深度合作的点。比如与厂商进行团购合作；建立无人机试用分享评测平台；与全国航拍工作室合作，对接资源等。

(2) 建立用户行为数据库。主要从三条数据线进行分析：①购买线，把一个人了解、认识、购买和体验无人机的整个数据统计下来；②飞行线，通过分析每次起飞的时间、地点，飞行的高度、速度、里程，拍摄的照片和视频等，判断一个用户是资深飞手还是新手；③社群价值分享线，统计一个用户愿不愿意分享内容，分享出来有多少人点赞。通过搜集和分析，形成一个庞大的数据库，也是一份详细的市场报告，能促进行业更好的发展。

场景二　“见得”

1. 踢球 20 年，这支足球队终于拍下了第一次比赛写真

“那一年，罗纳尔多是指一个巴西人，齐达内还在尤文；那一年，中国队刚入世界杯，舍甫琴科笑傲米兰城；那一年，球场还是土坑，你牛尾巴又没耍成；那一年，你开始喜欢一脚出球，不到万不得已不过人；那一年，毕业输球，你们喝醉了哭……现如今，队友带娃的带娃，加班的加班，组个五人制野场子都难；亨利坐在场边，满眼二十岁的自己；你打开 E 盘，想找一张自己带球的高清照，却发现，你踢了十年球，没留下一张帅照；这样的遗憾，我们一起阻止它发生。”

这段文字，是摄影平台“见得”的一次活动文案，“见得”希望找到一支故事最打动人心的球队，为他们提供专业比赛摄影师，用照片留下他们绿茵生涯里的故事。

这份文案触动了不少老球迷的心，很快，“见得”选出了西安一支成立了 20 年的业余足球队“老朋友足球队”，为他们拍摄了一组赛场写真。

老朋友足球队是西安第九中学的校队队友毕业后组建的球队，在 20 多年的历程中，历经了三次散伙和四次重聚，许多英姿勃发的少年，如今渐渐霜染两鬓。而队员们进进出出，这个 20 多岁的老球队，也累计接纳过上百名

队员，其中最大的50多岁，最小的也有30岁左右。

这次参加拍摄的队员，每位都至少得到了专业摄影师所拍摄的一张静态足球肖像照和一张动态写真，大家不仅能从照片中看到投入的自己，还能看到全力拼抢的对手，这些照片定格了比赛过程中上百次的精彩瞬间。

2. 摄影不只是拍照，更是了解人生和故事

在“见得”这个连接专业摄影师和消费者、打通摄影全产业链的平台上，类似的活动还有很多。“专业人做专业事应该得到尊重”，见得创始人武敦煌认为，专业的创作型摄影师应该得到与其专业度对等的报酬，而消费者也有权利获得与付出相符的优质摄影作品。

当然，“见得”并不是简单地将供给端和消费端结合在一起，而是在努力发掘摄影师和消费者背后的故事，创造出真正专业、有腔调的摄影作品。在“见得”的消费者群体中，有帅气的脱口秀演员、外国留学生、打工青年，摄影师不仅在为他们拍摄写真，更是在用镜头挖掘他们背后的故事，记录这个时代下每个人平凡但独特的人生。这些消费者们，也都具有一定的审美能力，并充分尊重专业的价值。

而在“见得”签约的摄影师群体中，有当下颇有影响力的职业摄影师，也有颇具个人风格的自由摄影人。还有一位摄影师，高中辍学，徒步川藏线，最终爱上藏区，留在了拉萨。他镜头中的藏区婚纱照，清澈干净，甚至有一丝信仰的味道。

这些摄影师们，用镜头记录他人的生活，也构筑了自己与众不同的人生体验。

3. 实现创业梦，文字记者做了摄影工作

“见得”的创始人武敦煌，毕业于浙江大学古典文献专业，毕业后进入

《华商报》做文字记者的工作。进入传统媒体工作，是大部分中文系毕业生的终极目标，然而武敦煌选择记者这份工作，却是为了更好地了解社会，为创业打下基础。

在报社工作时，武敦煌长期和摄影记者搭伴出去采访，发现许多摄影师本领都很强，但由于不善自我营销，才华和工资却相去甚远。同时，许多追求品质的顾客，花了大价钱，却找不到符合期望的摄影师，得不到符合期望的摄影服务。在发现摄影市场的痛点后，武敦煌找到了自己的发小杨挺，专业互补、性格互补的两人一拍即合，决定做一个平台，通过摄影加教学切入摄影人社群，再让摄影人社群通过摄影服务切入摄影消费市场。

而在摄影消费市场，“见得”不仅负责连接优质摄影消费者，还为其提供宣传服装、化妆、造型、道具等一系列流程，整合资源，优化配置，提高效率，让摄影师专心拍照的同时，也把成本压到最低，让消费者享受到更为合理的价位。

也就是说，专业摄影师、摄影爱好者、消费者都可以通过“见得”这个平台进行连接。摄影师在这里能够获得与能力相符的报酬，摄影爱好者在这里能提升自己的摄影水平，消费者在这里则能获得更优质的服务。这样，“见得”就打通了摄影全产业链，让这三个群体实现共赢。2016 年 1 月，“见得”正式成立，不到一年的时间，“见得”在各个终端触达的用户有近百万人次，也吸引了铁粉 1 万多人，核心用户群的人均消费值在 3000 元以上。

4. 用社群打通摄影全产业链

作为一个以社群和摄影大师公开课为亮点的移动摄影产品，“见得”的活动根据受众群体的不同，主要分为两大类。

（1）针对消费群体，“见得”开展过“一起聊聊摄影消费那些坑”“请你吐槽辣鸡摄影师”等帮助消费者获得更好摄影消费体验的活动，也开展过许多线下讲座，帮助消费者提升审美，辨别真正好的摄影作品。同时，“见得”还会不定期推出一系列颇具吸引力的摄影优惠活动。

（2）针对摄影师群体，“见得”平台会举行名家系列讲座，为摄影师提供各种摄影和后期的技巧和干货。针对不同等级的摄影爱好者，见得也会开设与之能力相应的摄影课程和比赛活动。同时，“见得”还与其他摄影机构合作，开展了多次深度摄影旅行项目。2017 年，“见得”的摄影旅行项目会拓展到国外。

这种根据群体需求不断调整发展策略的方式，正是武敦煌做社群的思路。在他看来，那些人，那片海，就在那里，我所做的，不是创造，而是寻找”。物以类聚，人以群分，只要专注于一个领域，找到这个领域的群体，并精准把握这个群体的需求，把社群做好，并不会太难。

场景三　一起开工社区

1. 金花街上的“小黄人”

2015 年 11 月，当你漫步在广州荔湾区的金花街，会发现街边突然多了十几块像“小黄人”一样的路牌。黑色的底座连接地面，黄色的主色调与金花街的环境相容，再配上纤细的长方体身材，造型简单，却又极具现代化的设计感。

当然，这不是一块普通的路牌，而是承载着文化想象的智能路标。每个牌子上都有专属记号，方便相约、等人，也可成为游戏的 check point。数十行介绍社区特色的文字，让居民和初来者能感受到脉脉温情。路牌上印刻的地图，能帮助你快速找到附近的地点，如果扫二维码，还会看到一份线上的社区地图。

而打造这些路牌的便是位于附近的“一起开工社区”，从实体上看，这是一家面对自由职业者或创业者的联合办公空间，同时它又用协作创新的理念聚集了一群志同道合者，组成了一个庞大的年轻人社群，可以一起合作完成项目。

金花街起初找“一起开工社区”合作的时候，需求比较简单，就是想美化一下宣传栏和做一些路牌，方便居民了解信息和游客认路。“一起开工社区”接到项目后，由一名共创官负责整个项目统筹，他先是制定计划，再在“一起开工社区”中寻找合适的人员组成团队（团队有设计师、城市规划师、高校学生等），然后开始执行。

经过分析后，团队发现这个项目可以做得更好玩。美化宣传栏的部分让设计师和街道里的小朋友一起来完成，设计师把控美观，小朋友负责画画。对于路标，团队觉得只是做普通的路牌，不便于迭代，而且也没有什么创意。于是，他们去街道走访调研、搜集故事，发动当地年轻人一起参与，最后形成了线下路牌和线上地图相结合的设计。每个路牌都是一个互联网的入口，扫码就可以看到丰富的社区信息。

之后，他们还在这个基础上开发了各种社区场景应用，促进居民间的互动，让大家去关注每天生活于其中的美好所在。

这个被称为“息息相关社区共建计划”的工程只是“一起开工社区”2015年所做的项目之一，此外还有阳光100阿尔勒工作营打造、车公庙地铁站设计、“青年绘”岭南文化涂鸦墙、PLC朋辈学习等。大量的成员参与其中，发挥各自特长，协作创新，可谓完美地诠释了社群的定义——“一群人，一条心，做一件事”。

2. 在协作创新中扩展生命宽度

在当下互联网高速发展和大众创业的时代，传统公司的组织形态正在受到挑战，越来越多的年轻人不想每天上下班打卡、经受各种 KPI 考核，而是渴望更自由地工作，在一个开放的空间和扁平化的组织管理下，更好地发挥创意和创造力。

社群恰恰为这种理想提供了可实现的途径，人们以自由人的身份在社群/社区/平台连接，得以和志同道合的人进行无边界协作和共创，按照项目制进行工作。当完成一个项目后，他们可以去旅行，做自己喜欢的事情，不怕被老板炒鱿鱼，从而减少了工作和生活的分裂感。

"一起开工社区"的核心理念就是，开放共享，协作创新，创想更多可能。目前，有 20 多个团队入驻线下的联合办公空间，此外还有 5000 多名社群会员。他们大多介于 20 ~ 35 岁之间，是一群独立思考、拥抱变化、具有创新思维、渴望找到同类，但又试图探寻独特自我价值的年轻人。他们主要分布在科技互联网、艺术设计和社会创新等领域，介于大众与创业者之间，每个人也许都有多个身份，属于标签的一代。

每年交 365 元会员费，可以使用联合办公空间里的流动工位，在空间里举办和发起活动。当然，这只是基础的福利，更重要的是，会员们可以在这里结交朋友、对接资源、合作项目。正如社群创始人阿莱所说："绝大部分人的最大诉求不是租一个工位，或得到专业的创业孵化服务，而是能有一个特别的社群，让他们看到生活更多的可能性，接触新事物，学习跨界知识和技能，认识更多有趣的同类，进而扩展生命的宽度。"

于是，当这些人连接在一起的时候，就可以做很多有意思的事情。传统企业的某些项目，凭借一个公司的力量是无法完成的，而社群的优势就在于，可以随时组建有不同行业背景的团队，去执行各种各样的任务。这些项目可以在社群中寻找合适的人，也可以直接和社区合作，由共创官（相当于项目 PM）组织成员完成，比如文章开头所述的金花街路标项目。

“所以，简单地说，我们的会员身份其实是给了成员一个跟这个社区的接口，将自己的能力和项目接入到这里，在这里去发展。”社区共创官张平说。

3. 从联合办公室空间到自由职业者社群

“一起开工社区”的创始人阿莱，原名蔡延青，大学就读社工专业，后来又自学了平面设计和摄影，毕业后进入腾讯公司，做了一名交互设计师。期间，他对社会创新产生了兴趣，创办了一个网站，专门记录那些将公益和商业结合在一起的创新案例。2012 年，他辞职环球旅行，带着一台摄像机，跨越四大洲，采访了 39 个年轻创业者的故事，制作成纪录片《创变者》。

在拍摄过程中，他发现采访对象都喜欢约他在 co-working space（联合办公空间）见面，这让他很是好奇。经过观察后，他发现联合办公空间倡导的是一种开放共享的价值理念，更能激活一座城市的创新氛围。于是，他便萌发了回国后也做一个这种空间的想法，帮助中国的年轻人进行创新创业。

2013 年春天回国后，他开始组建团队，筹集资金，用了三四个月时间把广州中山七路上的一处旧厂房改造成了一个开放式的办公空间，取名为“一起开工社区”，11 月 30 日正式开业。社区照搬国外经验，采用流动办公收费模式，顾客按小时或按天付费，可以使用空间的工位。

但做了一段时间后，他们发现这个路子走不通。当时中国的创业潮还未兴起，自由职业者不多，大家对移动办公和联合办公的需求不是特别强，还有人质疑“为什么我要跟别人共享一个办公室”。即使来到这里的人也并不只是想找一个比咖啡厅更安静的办公地点，而是有更多的需求，比如情感需求，想认识更多同好的人；业务需求，找到帮助自己业务提高的人。

于是，他们开始调整策略，砍掉了付费流动办公服务，弱化办公概念，同时采用会员制，开发会员线上社区，成员可以互相对接资源，形成一个超越了实体的、更加开放自由的社群。

经过升级改造，再加上创业潮逐渐兴起，“一起开工社区”的面貌发生了很大转变，会员数不断增加，固定办公区也已满员。不过，“一起开工社区”的定位并不是为创业者提供办公位，而是面对整个有创意的年轻人。某些创业公司刚起步的时候，可能会选择联合办公空间，但是随着成长壮大，他们会离开而去独立的场地。所以，“一起开工社区”更适合自由职业者。

如今，“一起开工社区”已聚集了世界各地怀着同样理念和富有创新精神的年轻人，树立起了品牌。这里虽然不是一个创业孵化器，但每天都在产生创意事件。有的成员会组建自己领域的社群，有的成员会找到同好的人一起做事情，还有的人会参加“一起开工社区”接洽的项目。他们在精神上是虚连接的，同时又可通过协作创新形成实连接。

4. 工具与互动结合，共建可持续社区生态

作为一个连接自由职业者的社群，如何通过运营来增强成员之间的互动，一起创造价值，就变得至关重要，其实考验的是社群主的组织能力和整体规划能力。“一起开工社区”围绕跨界共建做了三方面的事情：

(1) 提供在线连接工具。开发了“一起开工社区”APP，无论是在联合办公空间还是异地的成员，都能够轻松地实现连接，找到兴趣相投的同类，进行交流。同时，他们还可以在APP上预订场地、发布需求、召集活动、寻求支持，以及购买和赠送咖啡（通过APP购买一杯咖啡，可以得到两杯，另一杯必须分享给社区的其他人）等。

（2）设计丰富的互动方式。为了让成员能找到认同感，“一起开工社区”设计了很多互动方式，引导大家积极参加活动，他们称为“接口”，比如共享办公空间，组建属于自己的主题社群，开展课程或服务，产品/项目展示与发布，融资与孵化。通过这些途径，会员们可以高效地利用社区资源来解决问题，并形成内部价值链。

（3）通过再赋权进行共建。“一起开工社区”提倡去中心化，每个会员都是社区的主人，既是付出者和生产者，又是受益者和消费者，他们有权利来维护和共建社区。成员角色的转换意味着资源的流动，资源的流动意味着价值的传递。

目前，社区还在围绕“共创”这个核心对运营方式进行调整，一方面是增加更多的互动方式，一方面是开发更加轻便的 APP 工具，让会员跟社群的连接更紧密，并从中得到收益。

此外，由于要组建团队、协作完成项目，会员的能力评估就变得很重要。虽然他们在注册的时候会填一些基本信息，但更多的特质还是通过日常接触了解到的，也就是说，很多会员的深度资料是分散在各个运营团队成员的脑海中。每次项目有需求的时候，他们要互相告知，才能找到合适的人。为了解决这个问题，“一起开工社区”在搭建一个叫“人才部落”的资料库，会把每个会员的详细信息录入，当有需要的时候调用即可。

总体来说，“一起开工社区”有三个层次的连接：联合办公空间的实体连接，项目协作的价值连接，社群共创理念的精神连接。比起当下流行的社群经济模式，他们更多是在探索社群本身的特质，也就是人类新的组织方式，正如共创官 Celine 所说“社群可以承载很多东西，未来可能没有公司，我们将以社群化的方式去工作、生活和学习”。

场景四　自雇者驿站

1. 自由工作，和有趣的人做有趣的事

在职场打拼多年，当遇到种种不顺心时，相信很多人都有过做自由职业者的念头。据调查，在 18 ~ 25 岁人群中，甚至有高达 82.6% 的年轻人想要成为自由职业者。

同时，随着共享经济和自媒体的兴起，打破了劳动者对商业组织的依赖，许多曾经需要依靠机构间接地向最终消费者提供服务的职业，例如教练、设计师、摄影师、插画师等都可以通过共享经济平台直接向用户提供产品或服务。许多自由职业者，也可以通过自媒体拥有稳定的客户群体。

在这样的社会背景下，也的确有越来越多的人通过自由职业，将自己的兴趣和爱好变成谋生手段，从而拥有一个更为理想的工作体验。

在上海的自雇者驿站，就聚集了这样一批自由职业者。比起自由职业者，这群人更乐意称自己为"自雇者"，或者"职业自由者"，他们摆脱了批量化的生产机制，能够自主地选择多样化且有意义的工作。这群弹性工作的人聚在一起，各自独立，又群体协作。

自雇者驿站为这些职业自由者提供了一个办公、会友、办沙龙的空间。同时，在物理意义之外，自雇者驿站更提供了一种充满"可能性"的空间，在这里，一切皆有可能，自雇者们为自己定制生活方式，并找到志同道合的朋友，和有趣的人做有趣的事，让技能和兴趣变现。

2. 从设计行业得到灵感，成立第一个自雇者社区

自雇者驿站的创始人苏亚说，在做自雇者之前，她在建筑设计行业工作

多年。建筑行业有个特点，就是许多项目为了控制成本，并达到更高效的目的，往往不一定用自己公司的雇员去做，而是采用外包的方式。

建筑设计与其他的创造性行业一样，都不是批量生产和流水线作业，所以需要许多能够独当一面的人。然而，在那些很有创意的想法之外，也有许多重复性的工作需要另外的人员进行配合。这就需要形成一个社群，让人们在其中各取所需，互帮互助。

同时她看到，在加拿大和美国，自雇者工作模式越来越受到欢迎，于是在 2013 年，苏亚负责运营一家建筑公司时，就开始利用建筑设计行业的特性，实施自己自雇者模式的部分构想。而在此之后的一次换工作经历中，苏亚当时没能获得新职位，却被投资人鼓励“适合做 CEO”，这促使她下定决心开始创业，为尚在起步阶段的中国自雇者模式的发展提供真正的帮助。

2015 年，自雇者驿站成立。在这里并不只有同一行业的人，而是有着各种各样的“邻居”，他们存在差异，但彼此都认同自雇文化，并能在其中找到专长和能力互补的伙伴。

目前，自雇者驿站容纳了 2000 多名职业自由者，基本上处于满租的状态。苏亚告诉 150 幂，其实现阶段，她并没有在物理空间花太多心思，他们更加关注的是自雇者这个社群本身，关注于为这群人提供交流对接、创造工作机会，并让他们享受自由的工作状态。

也就是说，自雇者驿站不是一个创业空间，它是直接关心个人的。与其说它是工作场所，莫如说是与工作充分融合的自由大学。在其中，知识、技艺和创意能得到价值交换，每个人都可以成为教授或学生。它不仅在于帮助自雇者输出自身的知识、技艺和创意，取得财务自由；更在于鼓励自雇者发现和实现自身的内在天赋，以实现真正的个体自由。

3. 线上媒体、线下活动，信用值与自雇贝玩转自雇生活

在苏亚看来，自雇者驿站对于许多职业自由者来说具有极大优势。这里能提供非常公道的租赁价格，档案、设备、数据都由驿站统一监管，安全可靠。同时，驿站内自由轻松的氛围，也方便用户面对面沟通，激发想法。目前自雇者的运营分为线上和线下两部分。

线上主要体现为公众号自媒体。在自雇者的微信公众号上，有自雇者们开设的专栏，内容涉及工作、阅读、生活、社会等方面。这里是自雇者展现自己的平台，可以帮助自雇者形成个人文化，孵化个人 IP。

线下主要体现为驿站空间和沙龙活动。自雇者驿站会不定期在线下举行各种沙龙活动，例如花店基础入门、单身交友趴、读书会、绘画课程等，以促成更多有独立思想、趣味和追求的人才涌现。此外，从 2016 年 6 月开始，自雇者还推出了“微画廊”活动，在驿站展出艺术品 70 余幅，并售出 30 余幅，当然，这些艺术品的作者都是自雇者驿站的成员。

为了更好维持成员们的参与度和黏性，自雇者驿站内还有一套完整的会员制度，并用信用值及自雇贝积累置换体系来保证会员制度的实施。

信用值是自雇者有价值的时间的累积。如果把自雇者事业视为时间众筹形成的整体成果，那么信用值就相当于每人持有的股份。信用值可以用实名认证、自主支付、专栏、开办沙龙、画廊交易等方式获得，并可以折算为自雇者驿站的会员等级。信用值越高，就越能得到自雇者平台的优先推荐，也越能得到他人的支持，从而帮助个人形成个人品牌。

自雇贝则是自雇者们劳动价值交换的“货币”，它通过出让自己的劳动和服务来赚取，不能变现，但可以作为购买其他自雇者劳动和服务的工具，比如自雇者驿站微画廊的画作。这样，每人都有了调用其他自雇者资源的途

径，也有了输出自身能力的渠道。因此自雇贝的真正用处不在于货币价值，而在于为自己培养市场。

据统计，互联网的高渗透率已经使美国的自雇者达到5000万，占总工作人口的34%，有机构预测，在2050年，全球将有50%的人口成为职业自由者，朝九晚五的上班族反而将成为少数派。虽然中国的自雇时代还没有完全到来，但随着互联网发展带来的去中介化和去机构的趋势，相信“人人服务人人”的模式终将到来。

6.4 广告收入

场景 “北美留学生日报”

1. 创办背景

近十年来，随着国内家庭收入水平的提高，越来越多的同学和家长已经将海外高校作为接受高等教育的重要选择。同时，北美地区因其顶级的教育质量和多元、自由的文化氛围，成为最受中国学生青睐的留学目的地之一。

据美国国际教育协会IIE刚刚发布的《2016年门户开放报告》显示，中国已连续7年成为美国最大生源国，2016年的留学人数更占美国留学生总数的31.5%。

然而，与留学生数量同样增多的留学资讯，却是良莠不齐。相信很多留学生及家长都体验过：本想在百度上搜索某学校的相关信息，结果发现是中介网站；看不懂英文官网导致错过申请季或遗漏了申请材料；想了解留学的真实体验，却只能在网上找到只言片语……

针对这些留学难题，由留学生林国宇创立的“北美留学生日报”，从

2015 年开始，在每年的 7 ~ 8 月，都会在上海及北京举行“College Fair 北美名校嘉年华”活动，聚集包括普林斯顿大学、哥伦比亚大学、康奈尔大学等 20 多所北美名校的招生代表、学生会负责人和知名校友，面对面答疑解惑，并进行现场模拟面试，让留学生及家长了解最准确、最真实的留学信息。

2. 定位

“北美留学生日报”是林国宇于 2013 年创立的留学领域新媒体平台，坚持真实、独立、有味道的内容输出，发布客观准确的留学咨询，讲述留学生自己的故事，分享真实且有趣的留学生活。经过三年的发展，“北美留学生日报”已成为以留学新闻资讯为核心，集书籍出版、杂志、新媒体于一体的传媒机构。

当然，“北美留学生日报”提供的服务不止于媒体业务，除了上文提到的“College Fair 北美名校嘉年华”之外，“北美留学生日报”还为准留学生及家长提供线下的留学沙龙，并为身在北美的留学生们提供 24 小时的法律援助。

如今，“北美留学生日报”与全美前 200 所高校有着密切合作与联系，吸引了近百万关注者的长期订阅，并建立了自己的留学生兴趣社群及家长社群，已经成为北美留学界影响力最大的独立新媒体机构。

3. 摈除偏见，为留学生发声

“北美留学生日报”成立的初衷，是因看到留学资讯杂乱、留学生遇到问题求助无门，为此，建立一个有效整合和梳理留学相关信息的平台是很有必要的。此外，有一件事情的发生，直接触发了创始人林国宇成立“北美留学生日报”的决心。

2012 年，南加大两位中国留学生在枪击案中不幸丧生，在事情还未调查清楚之前，国内媒体就用了《留学生开豪车被枪杀》这类带有明显倾向性和煽动性的标题进行报道，国内舆论甚至开始抛开事件本身，大谈留学生奢侈生活等不合时宜的话题。然而，真实情况是这两位遇难的留学生开的二手宝马还不到十万元，购车款全由自己辛苦打工赚来，平时生活也十分朴素。这类扭曲事实的报道，给遇害留学生的家长和朋友带来了二次伤害。

这件事情让林国宇明白，国内大众对留学生形象抱有极大的偏见。留学生们就像一颗颗星辰，远处看发着光，然而近处看却是灰暗的。留学看上去光鲜亮丽，但其实是一件漫长而又孤独的事情，留学生们真实的生活和学习状态容易被误解，因此也更需要得到关注。

为了“给留学生群体和关心留学的人提供有价值的报道和有温度的文章，同时让外界了解留学生真实的生活状态和需求，为留学生发声”，2013年，林国宇注册了“北美留学生日报”这一微信公众账号。几经筹备后，2014年1月1日，“北美留学生日报”正式上线。

与大多数留学产品通过扩展海外资源，或开展线上教育的逻辑不同，“北美留学生日报”采取的是内容创业的方式，像罗辑思维那样，用知识营销打造社群经济。在提供丰富的线上咨询，杂志、书籍的同时，还举行了大量的线下社群活动，例如青年海归创业论坛、留学生家长互助沙龙等。

同时，“北美留学生日报”还开发了自己的APP，针对细分领域的用户群体（已出国、未出国的在校学生和家长等），为其提供精准的定制化内容。

目前，“北美留学生日报”已通过广告等方式实现盈利，并在2016年4月获得了由小站教育领投的Pre-A轮1000万元融资。“北美留学生日报”从商家导流开始，导流商家分为两种，一种是教育类的培训和咨询机构，另一种是吃喝玩乐的生活方式类商家，通过为他们引流，进行变现。同时，也会接在线广告，比如像信用卡、金融服务、地产、移民公司等企业的广告。除此之外，因为有大量的公众号等媒体资源，“北美留学生日报”通过为商家做整合营销，在不同平台上联合推广来进行商业变现。

6.5 投资和IP孵化

场景一　刑帅教育

在线教育近几年来热闹非凡，腾讯课堂、网易云课堂等巨头纷纷涌入，传统线下课堂也努力转型在线教育。从类型上来看，有的以考试辅导为主，有的以职业技能培训为主，有的专注于K12领域。

以QQ群发家的邢帅教育属于成人职业技能培训类在线教育，而且切入了一个更为细分的领域，重点关注城市农民工、流水线工人等收入不太高的群体，通过在线课堂和直播的形式，帮助他们学得技能、掌握手艺。

从2013年多玩YY 1500万元天使轮融资，到2014年3000万美元的A轮融资，再到2016年4月完成的3亿元B轮融资，一路狂奔的邢帅教育如今正在筹备上市中。

1. 从QQ群到YY频道

2009年，大二辍学的邢帅录了一些PS教学视频放到网上，并在视频中留下QQ群号。通过这种简单的视频内容输出，邢帅俘获了大量学员。在QQ

群中，邢帅每天都会更新一期教学课程，学员支付10元后，便可免费看一个月的视频。

不过，使用QQ群这种在如今社群时代才大规模流行起来的培训方式，是一个很偶然的机会。在邢帅教育的内部培训上，邢帅坦陈，之所以用QQ群做培训，是因为租不起教室。而10元就能免费听一个月的做法，是因为“当时我的梦想还挺大的，我想让这些人花很少的钱去学一门技术，不像我一样花了大价钱”。

邢帅教育运营主管范岳展告诉150幂，通过这种持续的教学视频内容输出，包括邢帅在内，邢帅教育早期团队的老师们，每个人都有三四十个群，而且每个群几乎都是上千人。这其中，大部分的学员都是通过视频和一个带一个的方式积累起来的，而且都是付费学员，每一位学员都可以深度交流互动，这为邢帅团队改进视频和教学内容带来了很大便利。

当时，YY语音在游戏圈发展得如火如荼，而彼时网络教育还未兴起，有学员推荐邢帅使用YY语音代替QQ群。邢帅意识到直播课程的好处，于是果断将课堂从QQ群搬到了YY语音，讲课方式也从录播变成了直播。不过这种迁移并不顺利，邢帅第一次在YY语音上课时，“当时来了10个学生，几乎全在骂，说我是骗子”。

2. 老师的主播化和品牌人格化

在YY语音上的不顺利，除了在线教育本身还未得到认可外，由录播转成直播这种教学场景的变化，也给邢帅带来了很大的挑战。很长一段时间，其YY语音的人数都只停留在一两百人，而附近频道的人数却已上万人。

邢帅观察到，“他们时不时唱个歌，讲个段子，大家聊得很嗨”。这让他深受启发，教师主播化的念头由此产生。于是，他开始研究周立波、赵本山，将有趣好玩的元素融入课程中，更重要的是及时与学员现场交流。很快，其在 YY 频道的学员就由一两百人增加到了一千多人。

可以看出，所谓老师的主播化，本质上是在自己的学员社群内增加互动因素，这既是从录播到直播的场景需求，更是学员社群的内在要求。深受此益的邢帅教育在推出自己的 APP 时，也是按照主播的标准进行设计，有鲜花、道具，还有红包。每个老师都有专门的直播间，还都有装扮，这在如今知识分享直播和秀场直播两大阵营互为鄙视的状况里，是不是一种有益尝试呢?

通过前期的社群互动和运营，学员人数很快就上来了，而且不似对手那般通过广告引流或者电话销售获得用户。但是，此时的付费转化率却不高。

一次偶然机会，邢帅和学员谈起了自己的创业经历，没想到一段时间后，付费率有了明显变化。于是，他将自身经历融入教学实践中，很快，邢帅教育在 YY 频道中快速发展，一周的收入能让他买一辆车。“这里面是有规律的，在我们频道学习的用户，很多都处于社会的底层，他们需要一个偶像，作为他发展的一个路径，就是他看到你是怎么走过来的，他也希望能通过你的方式走到你这个位置上去。”邢帅在内部培训中称。

其实，所谓的将自身经验融合到教学过程中，本质上是在塑造一种品牌人格。品牌与价值观具有强关系，在塑造品牌人格的同时，也是在向学员社群输出自己的价值观。渐渐地，邢帅教育形成了“知识改变命运，技能改善生活”的一套价值观。通过这套价值观，越来越多的人产生共鸣，进而加入到邢帅教育的学员社群中去。

也是在这个时候，邢帅教育被李学凌发现，并由此获得多玩 YY 天使轮 1500 万元融资。如今，邢帅教育的在线课程已从 YY 频道转移，主要在腾讯课堂和邢帅教育 APP 上完成。腾讯课堂学员数已达 200 万人，课程数近 500 门，好评度 97%，名列腾讯课堂前五；而截至 2015 年，邢帅教育 APP 累计学员超过 800 万人，VIP 正式收费学员超过 75 万人。

转移阵地后，范岳展称，邢帅教育仍不忘在腾讯课堂上添加联系方式，通过 QQ 群引流沉淀，再进行社群化运营。比如，几乎每天提供免费公开课，课上老师分享有趣、有料的干货知识，解答学员疑惑，进而一对一交流，介绍正式课程。在邢帅教育 APP 上，也专门开辟出了“社区”功能块，用于学员展示作业、分享经验，获得“帅气值（积分)”，而帅气值又可用于兑换周边产品，进一步刺激活跃度，提高认同感。附带周边产品中的 T 恤就已经卖出上万件了。

不过，正如前文所说，在各方涌入在线教育后，推广引流变得越来越难，成本越来越高，学员对广告免疫且随意性大，这也是邢帅教育目前面临的比较棘手的问题。

3. 社群化新动向——“细胞分裂”改革

当被问及邢帅教育在社群化的道路上有何新动作时，范岳展称，公司正在进行一场“细胞分裂”改革。所谓细胞分裂，“是因为当一个小组服务学员人数增多之后，一个细胞（小组）还可以再分为两个细胞，这样可以服务更多学员。而一个细胞（小组）的人员（尤其是副职）成熟之后，又可以申请单独分裂出来组成新的小组”。

简单来说，邢帅教育计划将自己的内部团队裂变为以细胞为单元的小组，每个小组独立配置有主管、老师、销售、客服，小组人数大约 7 ~ 10 人，每个小组经营一个科目或者一门课程，等学员数壮大后，又再裂变出新的小组，服务更多的学员。

这样做的好处很明显，除了能够解决以往线上、线下教育机构分成客服、教学、销售等多个部门进行管理而导致的责任推诿、沟通效率低的问题外，更重要的是，让每个小组对自己的学员一站式负责到底，即每个小组（细胞）自身就具备生长、康复、自我修复的能力，学员是通过某个具体的课程聚集而来，在价值观上也更趋近，因此能够实现深度交流，变现往往更为有力。

这场“细胞分裂”改革不仅涉及邢帅教育内部团队成员，还涉及外部学员。每一个沉淀到 QQ 群的成员，小组都会一开始就告知其将有机会上升为外部兼职人员并享受提成，甚至成为老师或者主管，这是邢帅教育运营学员社群的重要手段，对学员具有很好的激励作用。这样一来，每个小组服务一定量的学员，而每个学员都有可能成为兼职或者正式老师，进而又裂变出新的小组。如此，小组的数量将无限扩大。

在线教育有一个很致命的问题，那就是在缺乏外部约束的情况下，学习动力往往不是很足，即使在报名的情况下，也很容易中途放弃。邢帅教育曾做过统计，大约只有 1/10 的学员能够最终学习成才。而一个显而易见的情况是，人们在遇到有工作需求的情况下，学习动力会变得非常强烈，而且很快就能掌握一项技能。因此他们决定将工作和学习结合起来，让学员有成为兼职和正式老师等“内部成员”的机会，并按照层级享受提成。通过这种积分式上升的社群化运营机制，以刺激学员完成课程。为此，他们还特意开发了一套微网站体系来实现这一目的。

场景二　“智汇邦”

1. 65 人专家群在东博会上的项目合作

随着大众创业风潮席卷中国，很多人想在这个大变革时代里掘一桶金，但他们遇到的共同问题是：个人的力量有限，有些人擅长技术，有些人擅长管理，有些人擅长市场……于是，人才和资源的合作成为关键，各种帮助创业的平台应运而生，“智汇邦”就是其中之一。

2016 年 9 月 11 日到 14 日，在广西南宁举行的第 13 届中国—东盟博览会上，“智汇邦”承办了一个“海创展”（海内外高端人才创新创业成果展），带着 65 位技术专家，累计 73 个项目去广西对接资源。

在中国的整体经济架构中，广西是东盟的一个重要入口，连接着东南亚 5 亿人口的市场，潜力很大。“智汇邦”正是看准这个机会，想要帮创业者获得这部分资源。他们通过与政府有关部门进行合作，有一批项目计划在当地注册发展，广西的一些战略投资机构也准备投资，同时，还有一些当地企业想要做某些项目的代理人，帮助推广产品。

这便是“智汇邦”比较常规的活动，目的就是帮助创新人才找到合适的平台，帮助创业者对接到合适的资源。比如上述与地方合作的事情，有时候单个企业或个人很难办到，而“智汇邦”通过柠檬 VC 平台的力量，就比较容易实现。

2. 整合了海内外行业顶尖专家社群的双创服务平台

创业服务平台都有自己的价值定位，比如提供培训、咨询、融资等。社群创始人周宇煜认为，“商业计划无所谓好坏之分，投资主要是看人。一个人做了自己不适合的事，要么死了，要么成长了，达到能掌控局面的水平。但第二种的成功率比较低”。所以，“智汇邦”的定位就是协同创新创业的社交平台，帮别人进行有效的嫁接。

不过，与其他平台不同的是，“智汇邦”所服务的主要是高端科技人才和高端创业人群，比如博士专家群，大都是国家千人计划引进的高端人才，有自己的成果和特长，能产生很大的价值；智能机器人群，储备了大量机器人研究领域的人才；柠檬 VC 创客群，主要是做创新项目的创业者。这批高端人群对科技的了解深度要大于对市场的了解，即他们对市场的需求要大于对技术的需求。“智汇邦”所做的就是为他们配置合适的人和资源，帮他们实现理想，主要提供两类服务：

一类是创新，帮助一批优秀的科技人才对接他们需要的高端职位，如实验室、研究所等科研平台，让他们发挥自己的专长。一类是创业，在平台上给每个创业家进行精准的服务，比如他们有什么项目、需要什么资源等，发布出来后，有兴趣合作的人就会去对接，类似于 LinkedIn 或脉脉。

周宇煜介绍说，所有的创业企业最缺的资源是两个，一个是资金，一个是客户，而“智汇邦”既在帮他们找钱，也在帮他们找客户。有了这种核心价值，平台的黏性便很强，因为用户不会拒绝给他们的机会。目前，包括网站、APP、微信在内的全平台已累计 40 万用户。

“智汇邦”每天除了在平台发布各种招聘信息和合作机会外，还会把一些重要的机会发到群里，如果有人能做，立刻就会达成协议，如果没有人响应，就采用悬赏的办法，找人来做。“我不追求社群的活跃度，只关注最后的成效。因为我们属于事件触发型的社群，大家关心的是生意、机会和合作。我们就是不断挖掘各种各样创新创业的机会，触发大家达成合作。”周宇煜说。

3. 以社群为“先锋”导入用户

周宇煜毕业于北京邮电大学，在通信行业工作过十多年，积累了丰富的管理经验。随着创业风潮涌起，很多同行业的人都离职创业了。在获得数百元天使投资后，他于 2014 年成立了“智汇邦”，一开始的定位就是为创新创业者服务。

对于平台来说，第一批种子用户很重要，“智汇邦”主要用两种方式进行拉新：一是从朋友着手。为他们做好服务后，他们会帮助进行口碑传播，带来第二批种子用户，也就是通过人脉链的传递，获得滚雪球式的发展。

二是采用“扫会”的方式，分派专门人员去参加各种线下会议，看到合适的人就拉进来。这种地推方法看起来比较传统，其实成效很好。并且，每次会议都有微信群，扫会人员进到这些群后，把“智汇邦”的服务推出去，因为他们提供的是增值服务，并不会被反对，也吸引了很多人。

在这个过程中，“智汇邦”意识到，协同创新创业的关键是要找到能帮助自己的人，着力构建自己的社交平台，比如网站和APP，在上面发布更专业的信息，进行更深度地连接。

这样一来，微信群对于“智汇邦”来说只是一个“先锋官”，起着流量导入的作用，真正为成员创造价值的其实是在平台上。“对我们来说，社群只是一个工具”，周宇煜说。他很推崇LinkedIn的模式，认为这才是宏观意义上的社群形态，而“智汇邦”也在走这条路。

4. 投资参股和平台付费相结合的商业模式

成员最初加入社群平台，可能是受到社群所提供的价值点的吸引，但要想真正让他们沉淀下来，成为忠实用户，必须通过丰富的活动和持续的服务进行激活。“智汇邦”主打“协同”两字，其服务本身就包含着连接成员的活动，主要有两种形式：

一是常规的投融资活动，帮助用户进行项目路演，直接在线下对接；二是市场对接活动，现在各地都看中人才和科技项目，“智汇邦”抓住这个亮点，把帮助地方招商引才和为创业者拓展市场结合起来，进行串联和促成，也就是本文开头所述的事例。

周宇煜认为，真正能有效地帮助企业的方法就是教它们怎么赚钱，而只有他们赚钱了，平台才能赚到钱。比如现在很多人还没想好创业要做什么，可能他需要有一个公司，成为独立法人，方便谈项目。但在北京注册公司很麻烦，即使什么都不干，每年也需要1万多元成本费。“智汇邦”便直接给他们一个服务包，把这些事情都解决了。

为了保证服务质量，“智汇邦”借鉴京东的经验，一方面是平台提供直营服务，另一方面是通过审核和互相评估，保证第三方服务质量的稳定性。在此基础上，平台也形成了自己的商业模式：

（1）直接参与用户的项目投资，已经孵化出了一批高科技的创业公司。

（2）社群成员和企业都是“智汇邦”的会员，他们分为基础会员和收费会员，收费会员又根据所享受的服务，分为不同的档次，这也是平台的变现来源之一。

（3）组织培训、主办活动、举行创新大赛等，也能获得一部分收入。

通过微信群进行引流，再用平台实现深度连接，进而为成员和平台创造价值，从中可以看出“智汇邦”对社群思路的清晰认识。

后 记

Postscript

人类自远古进化以来，便保持着群居的属性。费孝通先生在其著作《江村经济》中曾多次提到“差序格局”和“关系”的概念。迫于现实的限制，人们为了达成既定的目标，往往会以“自我”为中心，集结一群人去完成。从工业革命到信息技术革命的转变，不仅是社会生产力的飞跃，更是人类思维方式、生产方式和生活方式的转变。在这种背景下，对于“社群”的研究就显得尤为必要。

2015 年，有人称为社群元年。机械工业出版社出版了一系列关于社群研究的作品。秋叶老师在《社群营销：方法、技巧与实践》一书中深入地研究了“社群营销”火爆背后的来龙去脉，分析了社群发展的走向，提出了建设产品型社群发展可能的判断。卢彦老师在《社群 +》中对社群的整体概念、规则、生态等做了深刻的剖析……而本书从社群媒体的视角出发，梳理了社群媒体诞生的必要性，分析了社群媒体的本质、内容生产、传播、运营和商业化。

在本书的出版过程中，曾斌帮助笔者将全书内容整理成文，150 幂的江鹰、陈鹏、危敏也为本书的内容付出了辛勤的劳动，在此，对他们的贡献表示诚挚的感谢。然而，由于笔者精力和水平有限，本书在案例的延伸和深度的挖掘方面还存在着不足，在框架体系的建立和概念的拓展上有待进一步提高，以上也是笔者今后努力的方向。